Les cahiers d'**exercices** ASSiMiL®

Japonais

Débutants

Catherine Garnier et Takahashi Nozomi

À propos de ce cahier

Grâce aux 160 exercices que présente ce cahier, vous allez vous entraîner à manipuler les formes des verbes et des adjectifs, et vous familiariser avec les constructions de base des phrases japonaises, le tout selon une progression organisée. Chaque exercice est précédé d'un rappel des éléments grammaticaux, et accompagné d'une « banque » des mots nécessaires pour réaliser l'exercice. Un petit conseil : pourquoi ne pas constituer votre propre lexique, au fur et à mesure que vous avancez ? Vous pourriez ainsi facilement retrouver les mots déjà vus, qui seront employés dans les exercices suivants.

Outre les termes indispensables à la communication, comme les mots démonstratifs, interrogatifs ou indéfinis, des exercices portent aussi sur des pans entiers de vocabulaire demandant une étude particulière, comme les termes de parenté, les systèmes numéraux et les mots de temps.

Enfin, ce cahier vous permettra d'effectuer votre autoévaluation : après chaque exercice, dessinez l'expression de vos icônes (🙂 pour une majorité de bonnes réponses, 😐 pour environ la moitié et 🙁 pour moins de la moitié). À la fin de chaque chapitre, reportez le nombre d'icônes relatives à tous ces exercices et, en fin d'ouvrage, faites les comptes en reportant les icônes des fins de chapitres dans le tableau général prévu à cet effet !

Sommaire

Écriture et prononciation 3
1. Les verbes 5
2. L'emploi des particules (1) 12
3. L'emploi des particules (2) 22
4. Les mots de temps 28
5. La particule の 34
6. Les termes de parenté – La forme passée des verbes 43
7. Les démonstratifs 52
8. Le mot だ – Les particules は et も 57
9. Les adjectifs (1) : adjectifs en -i 65
10. Les adjectifs (2) : adjectifs invariables 70
11. Verbes intransitifs/transitifs
Forme en -て いる 77
12. Le système numéral (1) 83
13. Le système numéral (2) 88
14. Les mots de temps chiffrés 94
15. Les mots interrogatifs 104
16. Les mots indéfinis en か et en でも
Un peu plus sur も 107
17. Verbes à la forme en -て + auxiliaires 111
18. La proposition déterminante 119
Solutions 125
Tableau d'autoévaluation 128

Écriture et prononciation

Le choix a été fait de vous présenter ce cahier en écriture japonaise. Comme vous le savez, l'écriture japonaise mêle des caractères phonétiques, les kana (chaque kana correspond à une syllabe), et les kanji, caractères chinois, le tout sans séparation entre les mots.

Pour tout débutant, enfant japonais ou étranger apprenant cette langue, l'apprentissage de l'écriture commence par les kana. Le parti pris ici est donc de se limiter aux kana, et de marquer la séparation entre les mots. Quelques kanji sont introduits à partir du chapitre 12. Sont utilisés les deux sortes de kana, selon leur usage normal : hiragana pour les mots japonais et katakana pour les mots d'origine étrangère (sauf le chinois).

- **Pour ceux qui sont encore très débutants en kana**, rappelez-vous que, dans la même collection, ASSIMIL propose deux *Cahiers d'écriture* exclusivement destinés à cet apprentissage.
- **Pour ceux qui ont déjà une certaine connaissance des deux syllabaires**, voici à titre de rappel, pour une bonne petite révision… (ou en cas de panne !) les éléments nécessaires : tableaux de kana, prononciation et graphies particulières.

Hiragana

	(w)	(r)	(y)	(m)	(p)	(b)	(h/f)	(n)	(d/j/z)	(t/ch/ts)	(z/j)	(s/sh)	(g)	(k)	
	wa わ	ra ら	ya や	ma ま	pa ぱ	ba ば	ha は	na な	da だ	ta た	za ざ	sa さ	ga が	ka か	a あ
		ri り		mi み	pi ぴ	bi び	hi ひ	ni に	dji ぢ*	chi ち	dji じ	shi し	gi ぎ	ki き	i い
		ru る	yu ゆ	mu む	pu ぷ	bu ぶ	fu ふ	nu ぬ	dzu づ*	tsu つ	dzu ず	su す	gu ぐ	ku く	u う
		re れ		me め	pe ぺ	be べ	he へ	ne ね	de で	te て	ze ぜ	se せ	ge げ	ke け	e え
n ん	(w)o を	ro ろ	yo よ	mo も	po ぽ	bo ぼ	ho ほ	no の	do ど	to と	zo ぞ	so そ	go ご	ko こ	o お

* Ces deux kana ne sont utilisés que pour quelques mots composés, et les consonnes se prononcent aujourd'hui **j** et **z**.

Katakana

	(w)	(r)	(y)	(m)	(p)	(b)	(h/f)	(n)	(d)	(t/ch/ts)	(z)/j)	(s/sh)	(g)	(k)	
	wa	ra	ya	ma	pa	ba	ha	na	da	ta	za	sa	ga	ka	a
	ワ	ラ	ヤ	マ	パ	バ	ハ	ナ	ダ	タ	ザ	サ	ガ	カ	ア
		ri		mi	pi	bi	hi	ni		chi	dji	shi	gi	ki	i
		リ		ミ	ピ	ビ	ヒ	ニ		チ	ジ	シ	ギ	キ	イ
		ru	yu	mu	pu	bu	fu	nu		tsu	dzu	su	gu	ku	u
		ル	ユ	ム	プ	ブ	フ	ヌ		ツ	ズ	ス	グ	ク	ウ
		re		me	pe	be	he	ne	de	te	ze	se	ge	ke	e
		レ		メ	ペ	ベ	ヘ	ネ	デ	テ	ゼ	セ	ゲ	ケ	エ
n		ro	yo	mo	po	bo	ho	no	do	to	zo	so	go	ko	o
ン		ロ	ヨ	モ	ポ	ボ	ホ	ノ	ド	ト	ゾ	ソ	ゴ	コ	オ

À remarquer : pour les hiragana comme pour les katakana, les kana des colonnes **k**, **s/sh**, **t/ch/ts** et **h/f** sont les mêmes que ceux des colonnes **g**, **z/j**, **d** et **b**. On y a juste ajouté deux petits points. Et les kana de la colonne **h/f** sont utilisés une troisième fois, pour la colonne **p**, avec ajout d'un petit rond.

Il faudrait ajouter au tableau des katakana le tiret qui sert à indiquer qu'une voyelle est longue : セーター sêtâ, *un pull*.

Quelques rappels pour la prononciation des kana des tableaux

Voyelles : **a**, **i**, **o** comme en français. **u** entre [eu] et [ou], et **e** [é] [è] selon les contextes.

Consonnes :

- **h** est toujours aspiré
- **g** se prononce toujours dur, comme dans *gui*, et **s** se prononce toujours [ss] comme dans *mousse*
- **r** se prononce entre [r] et [l]
- **sh** se prononce [ch] et **ch** se prononce [tch]

1
Les verbes

La forme citée ici pour chaque verbe est ce qu'on appelle sa « forme du dictionnaire » ; c'est la forme la plus simple, qui sert quand on veut le nommer. Mais c'est surtout une forme qui s'utilise pour exprimer toutes les personnes.

Ex. : いく = *je vais, tu vas, il/elle/on va, nous allons, vous allez, ils/elles vont.*

Banque de mots

たべる	je mange, tu manges… elles mangent
のむ	je bois, tu bois… elles boivent
かく	j'écris… elles écrivent
いく	je vais… elles vont
やすむ	je me repose… elles se reposent
みる	je regarde… elles regardent
およぐ	je nage… elles nagent
はなす	je parle… elles parlent

1 Reliez par un trait le verbe et sa traduction.

たべる 1 •	• 1 Vous [y] allez
やすむ 2 •	• 2 Je bois
かく 3 •	• 3 Elles écrivent
およぐ 4 •	• 4 Tu regardes
いく 5 •	• 5 Elle se repose
はなす 6 •	• 6 Nous mangeons
のむ 7 •	• 7 Il nage
みる 8 •	• 8 Ils parlent

Pour tous les verbes, la « forme du dictionnaire » se termine par un **-u**. Mais on distingue deux types de verbes.

- Ceux du type 1 se terminent toujours en **-iru** ou **-eru**.
- Le type 2, ce sont toutes les autres finales.

Banque de mots

でかける	je sors… elles sortent
いれる	je mets… elles mettent

2 **Répartissez les verbes suivants entre les deux types.**

1. たべる 2. およぐ 3. みる 4. はなす
5. でかける 6. いれる 7. のむ 8. かく

Verbes de type 1 : ……………………………………………………………………

Verbes de type 2 : ……………………………………………………………………

Attention, il y a des faux amis : quelques verbes du type 2 se terminent en **-eru** ou **-iru**. Les plus connus : かえる *transformer* (type 1), かえる *revenir* (type 2).

Les différentes formes des verbes se font par ajout de suffixes.

Commençons par le suffixe -ます. La forme du verbe japonais varie d'abord en fonction de la personne à qui on s'adresse. La forme simple en -う sert en situation de familiarité : la famille et les amis. La forme avec -ます sert dans les autres situations.

3 **Sous chaque couple de personnages, indiquez la forme qu'ils vont utiliser : soit la forme en -う, soit la forme en -ます.**

1. …………
2. …………
3. …………
4. …………
5. …………
6. …………
7. …………
8. …………

En plus de la finale, c'est la façon dont les suffixes s'attachent qui différencie les deux types de verbes. Par exemple, si on ajoute -ます :

- type 1 : on enlève **-ru** et on ajoute -ます. Ex. : たべる → たべます.
- type 2 : on remplace **-u** par **-i** et on ajoute -ます. Ex. : のむ → のみ → のみます.

4 Fabriquez les formes en -ます des verbes suivants.

たべる	1.	やすむ	6.
のむ	2.	でかける	7.
はなす	3.	いれる	8.
みる	4.	およぐ	9.
かく	5.	いく	10.

C'est comme ça qu'on repère les faux amis.

かえる

Je transforme... elles transforment est du type 1, sa forme en -ます est : ....

かえる

Je reviens... elles reviennent est du type 2, sa forme en -ます est : ....

Pour poser une question, il suffit d'ajouter か à la fin de la phrase.

Ex. : いきます　か。
Vous [y] allez... elles [y] vont ?

Le 。 correspond à notre point en fin de phrase. Ne l'oubliez pas quand vous écrivez des phrases en japonais.

En situation de familiarité, une intonation montante suffit, et à l'écrit on utilise un point d'interrogation à la place du petit rond.

Ex. : いく ？ *Tu [y] vas… elles [y] vont ?*

5 Traduisez les phrases suivantes en utilisant toujours des formes en -ます.

1. Est-ce qu'elle nage ? ....
2. Vous vous reposez ? ....
3. Elle mange. ....
4. Nous sortons. ....
5. Ils regardent. ....
6. Est-ce que vous écrivez ? ....
7. Elles [y] vont ? ....
8. Je bois. ....

Pour répondre « oui », on peut dire はい ou うん. Mais うん ne s'emploie qu'en situation de familiarité, donc avant une forme en -う.

On ne répond jamais seulement par はい ou うん, on fait toujours suivre par la reprise du contenu de la question.

Ex. : いきます か。 – はい、 いきます。
いく ？ –うん、 いく。

6 Répondez en japonais aux questions.

1. Est-ce qu'ils [y] vont ? はい、..........
2. Vous sortez ? はい、..........
3. Elle se repose ? はい、..........
4. Est-ce que tu manges ? うん、..........
5. Vous nagez ? はい、..........
6. Est-ce qu'ils boivent ? うん、..........
7. Elles écrivent ? はい、..........
8. Est-ce que vous regardez ? はい、..........

7 Joignez chaque réponse par un trait à la question correspondante.

はい、みます。 1 •	• 1 Vous écrivez ?
うん，でかける。 2 •	• 2 Est-ce que vous regardez ?
はい、かきます。 3 •	• 3 Est-ce qu'elle [y] va ?
はい、やすみます。 4 •	• 4 Tu sors ?
うん、のむ。 5 •	• 5 Ils se reposent ?
うん、いく。 6 •	• 6 Tu bois ?

Pour former la négation, on emploie le suffixe -ない (familier) ou -ません (autres situations).

Pour les verbes du type 1, on remplace **-ru** par -ない ou -ません.

Ex. : たべる ➜ たべない たべません.

Pour les verbes du type 2 :

- pour -ない, on remplace **-u** par **-a** et on ajoute -ない :
  のむ ➜ のま ➜ の**ま**ない.
- Pour -ません, on fait comme pour -ます : **-u** est remplacé par **-i** et on ajoute -ません : のむ ➜ のみ ➜ のみません.

8 Remplissez les cases du tableau suivant.

	ません	ない
1. たべる		
2. のむ		
3. はなす		
4. みる		
5. かく		

	ません	ない
6. やすむ		
7. でかける		
8. いれる		
9. およぐ		
10. いく		

Un cas spécial : certains verbes du type 2 se terminent par la voyelle -う toute seule, par exemple かう *j'achète*. Il faut remplacer le **-u** par **-wa** pour ajouter -ない.

Ex : かう → かわ → か**わ**ない.

Banque de mots

かう	j'achète… elles achètent	はらう	je paie… elles paient
いう	je dis… elles disent	あらう	je lave… elles lavent
うたう	je chante… elles chantent	まつ	j'attends… elles attendent

9 **Mettez les verbes suivants à la forme négative, en ajoutant -ない.**

1. かう ....
2. いう ....
3. うたう ....
4. はらう ....
5. あらう ....

Pour répondre « non », on peut dire いいえ ou ううん. Mais ううん ne s'emploie qu'en situation de familiarité, donc avant une forme en -ない. Comme dans le cas de « oui », on le fait toujours suivre de la reprise des éléments de la question.

Ex : いきます　か。 – いいえ、いきません。
いく　？ – ううん、いかない。

10 **Répondez négativement aux questions.**

1. まちます か。　いいえ、..........................
2. いく　？　ううん、..........................
3. たべる　？　ううん、..........................
4. かいます か。　いいえ、..........................
5. うたいます か。　いいえ、..........................
6. やすみます か。　いいえ、..........................
7. でかける　？　ううん、..........................
8. はらう　？　ううん、..........................

II **Traduisez en japonais les questions et les réponses. Pour les phrases 1 à 4, vous utiliserez les formes en -う et -ない, pour les phrases 5 à 8, les formes en -ます et -ません.**

1. Est-ce que tu sors ? – Non, je ne sors pas.

   ....、...............

2. Est-ce qu'elle nage ? – Oui, elle nage.

   ....、...............

3. Ils se reposent ? – Non, ils ne se reposent pas.

   ....、...............

4. Tu achètes ? – Non, je n'achète pas.

   ....、...............

5. Vous chantez ? – Non, je ne chante pas.

   ....、...............

6. Est-ce qu'elles mangent ? – Oui, elles mangent.

   ....、...............

7. Vous attendez ? – Oui, j'attends.

   ....、...............

8. Il [y] va ? – Oui, il [y] va.

   ....、...............

Félicitations !

Vous êtes venu à bout du chapitre 1 ! Il est maintenant temps de comptabiliser les icônes et de reporter le résultat en page 128 pour l'évaluation finale.

2

L'emploi des particules (1)

Comme vous l'avez compris, quand on s'adresse à quelqu'un, selon le degré de familiarité qu'on a avec cette personne, on utilise les formes en -う / -ない ou en -ます / -ません. Pour savoir quelle forme choisir, il faudrait connaître le contexte. Comme on ne peut pas raconter une petite histoire à propos de chaque phrase, nous vous proposons une convention :

- quand il faut employer les formes -う / -ない, le verbe français est écrit normalement ;
- quand il faut employer les formes -ます / -ません, le verbe français est souligné.

1 Un peu d'entraînement, avec le verbe かく. Traduisez en japonais.

1. Il écrit ....
2. Elles écrivent ....
3. Nous écrivons ....
4. Vous écrivez ....
5. Tu n'écris pas ....
6. Ils n'écrivent pas ....
7. Vous écrivez ....
8. Ils écrivent ....

Important à savoir : un nom japonais est invariable, quoi qu'il arrive !

Et une règle absolue : dans une phrase en japonais, le verbe est toujours à la fin. Tous les compléments se trouvent avant. On ne peut pas se tromper !

Pour indiquer la fonction d'un nom dans la phrase, le japonais utilise ce qu'on appelle une « particule » : un petit mot très court (une syllabe, rarement deux) placé juste après le nom (il y a une seule exception : certains mots de temps). Avec 7 particules de ce type, on peut déjà faire presque toutes les phrases.

Ainsi, pour le complément d'objet on utilise la particule を.
Ex. : ピザ　**を**　たべます。 *Je (... elles) mange (...) une pizza.*

Banque de mots

よむ	je lis... elles lisent
ピザ	pizza
お-すし	sushi
えいが	cinéma, film
テレビ	télévision
みず	eau
コーヒー	café
ほん	livre
しんぶん	journal

Le hiragana を correspond normalement à **wo**. Il est employé uniquement pour écrire cette particule et se prononce **o**.

Quand on écrit en katakana, un tiret indique que la voyelle qui précède est longue : コーヒー : **kôhî**.

2 **Reliez le nom au verbe qui convient en passant toujours par を.**

1 • ピザ
2 • みず
3 • しんぶん
4 • テレビ
5 • お-すし
6 • ほん
7 • えいが
8 • コーヒー

を

• 1 よむ ?
• 2 たべます。
• 3 みます。
• 4 のむ。

Traduisez toutes les phrases ainsi obtenues, en pensant bien qu'il y a plusieurs traductions possibles.

1. ....
2. ....
3. ....
4. ....
5. ....
6. ....
7. ....
8. ....

Banque de mots

あそぶ	je joue... elles jouent je m'amuse / je sors (pour m'amuser)
にわ	jardin
いえ	maison
えき	gare, station de métro
バス	bus
バスてい	arrêt de bus
でんしゃ	train
ともだち	ami, camarade

Pour indiquer le lieu où se passe une action, on emploie la particule で.

Ex. : にわ　で　あそびます。
Ils jouent dans le jardin.

3 Traduisez en japonais.

1. Elle joue dans le jardin. ....
2. Nous attendons à la gare. ....
3. Est-ce que tu [m']attends à l'arrêt de bus ? ....
4. Ils ne jouent pas dans la maison. ....
5. Je me repose dans la maison. ....
6. Est-ce que vous mangez dans le train ? ....

4 Mettez la particule qui convient à la place des pointillés.

1. バスてい .... しんぶん .... よみます。 Il lit le journal à l'arrêt de bus.
2. えき .... ともだち .... まつ。 J'attends un ami dans la gare.
3. えき .... コーヒー .... のみます。 Elles boivent un café à la gare.

Faites la phrase correspondant au dessin, en utilisant la forme en - ます.

1. ....
....
....

2. ....
....
....

3. ....
....
....

Deux verbes très utiles : ある et いる. Tous les deux expriment le fait d'exister ou de se trouver quelque part. Mais ある sert pour les choses inanimées et いる pour les êtres animés.

5 Indiquez par une flèche quel verbe convient pour chaque dessin.

1. 
2. 
3. 
4. 
5. 

いる

ある

6. 
7. 
8. 
9. 
10. 

いる est un verbe du type 1.

ある est un verbe du type 2, mais il est irrégulier : sa forme en -ない est… ない ! Le suffixe -ない est à l'origine un adjectif qui signifie « être non existant ». ある *existe*, ない est *non existant*.

6 **Remplissez le tableau suivant.**

Forme en - う	Forme en - ます	Forme en - ない	Forme en - ません
いる			
ある			

Pour indiquer le lieu où un objet ou un être animé se trouve, on utilise la particule に.

Ex. : にわ **に** います。 *Elle est dans le jardin.*

Banque de mots

ほんだな	étagère, bibliothèque
やま	montagne
とり	oiseau
ぞう	éléphant

Le mot pour « éléphant » est **zô**, avec un **o** long. Quand on écrit en hiragana un **o** ou un **u** long, on ajoute le hiragana う après la syllabe qui comprend le **o** ou le **u** :

ぞ = **zo** → ぞう = **zô**, prononcé en tenant le **o**.

7 **Traduisez en japonais la réponse aux questions, en utilisant les formes en -ます et -ません.**

Où est le chat ? **1.** Il n'est pas dans le jardin. ....

Où est l'enfant ? **2.** Il est dans la maison. ....

Où sont les livres? **3.** Ils sont sur l'étagère. ....

Quand on veut dire qu'un objet ou un être animé existe ou se trouve là, on utilise la particule が.

Ex. : ねこ **が** います。 *Il y a un chat.*

Traduisez en japonais la réponse aux questions, en utilisant les formes en -う et -ない.

Qu'est-ce qu'il y a ? **4.** Il y a des montagnes. ....

Qu'est-ce qu'il y a ? **5.** Il y a des oiseaux. ....

Qu'est-ce qu'il y a ? **6.** Il n'y a pas de livres. ....

Qu'est-ce qu'il y a ? **7.** Il n'y a pas d'éléphants. ....

On peut combiner les deux, l'objet / être animé et le lieu où il se trouve.

Ex. : にわ **に** ねこ **が** います。 *Il y a un chat dans le jardin.*

Banque de mots

ねこ	chat
こども	enfant
そら	ciel
ゆき	neige
へや	pièce, chambre
はな	fleur

8 Reconstituez les phrases dans les bulles : remettez les éléments dans le bon ordre et traduisez.

1. ぞう に か。 にわ います が
2. ほん が ほんだな あります。 に
3. こども に バスてい います。 が
4. が いない。 とり に そら
5. やま か。 が あります ゆき に
6. に はな あります。 へや が

1. ....
2. ....
3. ....
4. ....
5. ....
6. ....

Banque de mots

おと	bruit, son
おんがく	musique
うた	chant, chanson

On emploie aussi la particule が pour les verbes permettant de dire « je vois » みえる ou « j'entends » きこえる. En réalité ces deux verbes veulent dire « est visible », « est audible ». Ils sont tous les deux de type 1.

Ex. : えき　が　みえる。
Je vois la gare / On voit la gare. (Littéralement : « La gare [m']est visible. »)

9 Reliez le nom au verbe qui convient en passant toujours par が. Puis reliez chaque phrase ainsi obtenue à la traduction française.

1. やま
2. おと
3. いえ
4. おんがく
5. うた

が

1. きこえる。
2. みえる。

1. J'entends de la musique.
2. On entend des chansons.
3. Je vois la montagne.
4. On entend un bruit.
5. On voit des maisons.

On emploie aussi が avec des verbes qui expriment des connaissances :

わかる est compréhensible
➜ *je comprends / je sais* ;

ou des capacités :

できる (type 1) est possible
➜ *je peux / je sais.*

Ex. : えいご　　が
できます。
Littéralement : « L'anglais est possible. » ➜ *Je parle anglais.*

Banque de mots

ピアノ	piano
サッカー	football
うんてん	conduite (d'un véhicule)
えいご	langue anglaise
じゅうしょ	adresse (postale)
みち	rue, route, chemin
かんじ	kanji, caractère chinois

Regardez bien le mot じゅうしょ. Il existe un hiragana pour **shi** : し, mais pas pour **sha**, **shu**, **sho**. On y remédie en ajoutant un petit **ya**, un petit **yu** ou un petit **yo** après un し de taille normale : **sha** ➜ しゃ, **shu** ➜ しゅ, **sho** ➜ しょ. De même pour **ji** じ, puis **ja** ➜ じゃ, **ju** ➜ じゅ, **jo** ➜ じょ. Et si le **u** ou le **o** est long, on ajoute le hiragana う : **jû** ➜ じゅう.

10 Traduisez en japonais.

1. Vous parlez anglais ?
2. Ils ne connaissent pas les kanji.
3. Elle sait [jouer] du piano.
4. Tu connais le chemin ?
5. Je ne comprends pas l'anglais.
6. Je sais conduire.
7. Connaissez-vous [son] adresse ?
8. Il ne sait pas [jouer] au foot.

La particule で sert aussi à indiquer le moyen utilisé pour faire une action.

Ex. : ボールペン　で　かきます。
Elle écrit avec un stylo-bille.

Banque de mots

ボールペン	stylo-bille
えんぴつ	crayon
め	œil
はし	baguette
にほんご	langue japonaise

11 Reconstituez les phrases en vous aidant de la traduction.

みます。　で　いきます。　で
で　たべる ？　かく。　で　め
か。　はなします　にほんご
えんぴつ　はし　で　でんしゃ

1. Ils [y] vont en train.
……………………………………………
2. Est-ce que tu manges avec des baguettes ?
……………………………………………
3. On écrit avec des crayons.
……………………………………………
4. Est-ce qu'elle parle en japonais ?
……………………………………………
5. On regarde avec les yeux.
……………………………………………

12 Mettez la particule adéquate : を, で, に ou が à la place des pointillés et traduisez la phrase en français, en pensant que pour certaines phrases il y a plusieurs traductions possibles.

1. いえ …… テレビ …… あります。 ……………………………………………
2. そら …… とり …… います。 ……………………………………………
3. でんしゃ …… しんぶん …… よみます。 ……………………………………………
4. へや …… ほん …… よみます。 ……………………………………………
5. テレビ …… えいが …… みます。 ……………………………………………
6. えいご …… はなしません。 ……………………………………………
7. いえ …… こども …… います。 ……………………………………………

13 **En utilisant les listes de mots et en vous aidant de la traduction, reconstituez les phrases. N'oubliez pas la ponctuation.**

Noms		Verbes	Particules
ほんだな	はし	あります	に
ほん	お-すし	まつ	が
バスてい	えんぴつ	のみます	で
ともだち	ボールペン	たべない	を
にわ	おんがく	かく / かかない	か
コーヒー	バス	きこえます	
		いく	

1. Sur l'étagère il y a des livres. ....
2. J'attends un ami à l'arrêt de bus. ....
3. Je bois [mon] café dans le jardin. ....
4. Je ne mange pas le sushi avec des baguettes. ....
5. Il n'écrit pas avec un crayon. ....
6. Il écrit avec un stylo-bille. ....
7. Entendez-vous la musique ? ....
8. Tu [y] vas en bus ? ....

Félicitations !

Vous êtes venu à bout du chapitre 2 ! Il est maintenant temps de comptabiliser les icônes et de reporter le résultat en page 128 pour l'évaluation finale.

3

L'emploi des particules (2)

Où on retrouve la particule に, cette fois-ci pour indiquer le but d'un déplacement.

Ex. : えき　**に**　いきます。 *Ils vont à la gare.*

Banque de mots

かえる	je rentre… elles rentrent (chez moi… elles)
はいる	j'entre… elles entrent
のる	je monte… elles montent (dans un véhicule)
うち	maison / chez moi (toi, lui…)
うみ	mer
レストラン	restaurant
にほん	Japon
フランス	France

I Complétez les phrases.

1. Je rentre à la maison. ………………………… かえる。
2. Ils vont à la mer. うみ ………… いきます。
3. Elle monte dans le bus. ……………………………………
4. Ils entrent dans le restaurant. レストラン ……………………
5. Vous allez à la mer ? うみ ……………………
6. Tu vas au Japon ? ……………………………………
7. Vous rentrez en France ? ……………………………………

On n'est pas toujours tout seul pour faire quelque chose ou aller quelque part. La particule と sert à indiquer la personne qui accompagne.

Ex. : ともだち　**と**　いきます。

Elle y va avec un ami.

2 **Faites toutes les phrases possibles en utilisant les mots suivants. Au moins 16 !!!**

ともだち　こども　えき　みせ　うみ　レストラン

にほん　いきます　はいります

1. ....
2. ....
3. ....
4. ....
5. ....
6. ....
7. ....
8. ....
9. ....
10. ....
11. ....
12. ....
13. ....
14. ....
15. ....
16. ....

Et voilà les deux dernières, elles se répondent : l'une indique le point de départ から, l'autre le point d'arrivée まで.

Ex. : うち **から** えき **まで** いきます。
Je vais de chez moi jusqu'à la gare.

Banque de mots

ほんや	librairie, libraire
スーパー	supermarché, supérette
ぎんこう	banque

3 **Trouvez le trajet qui va d'un lieu à un autre et décrivez-le en utilisant から et まで.**

1. .... いく。

2. .... いく。

3. .... いく。

Banque de mots

じてんしゃ	bicyclette
くるま／じどうしゃ	voiture
タクシー	taxi
みせ	magasin

On peut préciser le moyen de transport utilisé, ce sera évidemment avec la particule で.

4 Racontez la journée de M. Tanaka. Utilisez les formes en -う .

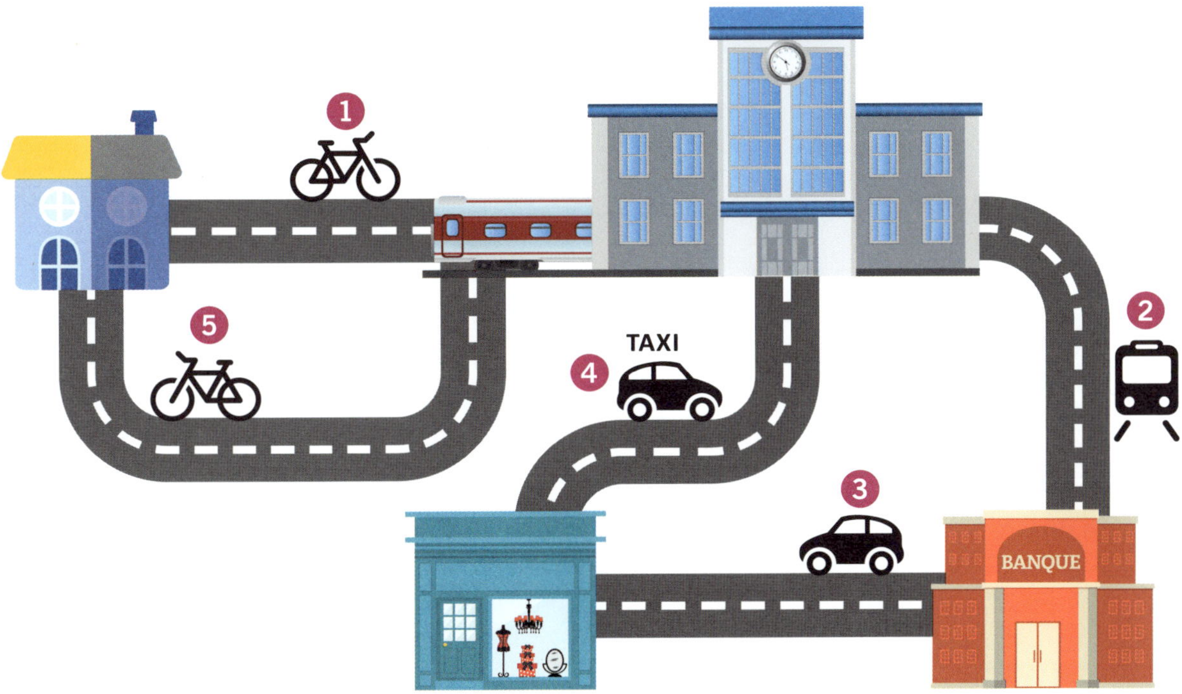

1. ....

2. ....

3. ....

4. ....

5. ....

Quand on raconte quelque chose et qu'on présente pour la première fois un objet ou une personne, on utilise la particule が.

Ex. : おんな　の　ひと　**が**　レストラン に　はいります。

Une femme entre dans un restaurant.

Banque de mots

とおる	je passe… elles passent
おんな の ひと	une femme
おとこ の ひと	un homme

5 Traduisez en japonais, en utilisant la forme en - ます, les plus neutres pour un récit.

1. Un homme entre dans le magasin. ……………………
2. Une voiture passe. ……………………
3. Des enfants chantent une chanson. ……………………
4. Une femme monte dans un taxi. ……………………
5. Un train entre en gare. ……………………
6. Un homme attend à l'arrêt de bus. ……………………

Banque de mots

おりる	descendre (d'un véhicule)

6 En vous aidant de la traduction, mettez la particule appropriée à la place des pointillés.

1. おとこ　の　ひと ……… えき ……… はいります。
2. でんしゃ ……… のります。
3. でんしゃ ……… ほん ……… よみます。
4. でんしゃ　を　おります。
5. えき ……… タクシー ……… ぎんこう ……… いきます。
6. ぎんこう ……… うち ……… バス ……… かえります。

1. Un homme entre dans la gare.
2. Il monte dans le train.
3. Dans le train il lit un livre.
4. Il descend du train.
5. Il va de la gare jusqu'à la banque en taxi.
6. Il rentre de la banque à la maison en bus.

Banque de mots

カフェ	café (lieu)
はなや	magasin de fleurs, fleuriste

7 **En vous aidant de la traduction, complétez les phrases.**
Pour ce minirécit, vous utiliserez la forme en - ます des verbes.

1. おんな　の　ひと .... はなや ....

2. ....

3. はなや .... バス .... いきます。

4. ....

5. ....

6. ....

1. Une femme entre dans un magasin de fleurs. **2.** Elle achète des fleurs. **3.** Du magasin de fleurs, elle va jusqu'au supermarché en bus. **4.** Elle se repose dans un café. **5.** Des voitures passent. **6.** Elle rentre à la maison à vélo.

Félicitations !

Vous êtes venu à bout du chapitre 3 ! Il est maintenant temps de comptabiliser les icônes et de reporter le résultat en page 128 pour l'évaluation finale.

4

Les mots de temps

Avançons dans le temps et voyons les mots qui servent à indiquer quand on fait quelque chose. Il y a deux cas :

- certains mots de temps doivent être suivis de la particule に ;
- d'autres s'emploient seuls, sans particule. Ils représentent d'ailleurs le seul type de noms qui peuvent fonctionner sans particule.

Banque de mots

げつようび	lundi
かようび	mardi
すいようび	mercredi
もくようび	jeudi
きんようび	vendredi
どようび	samedi
にちようび	dimanche

1 **Après avoir bien regardé la banque de mots, cachez-la. Assemblez les mots japonais et les mots français correspondants.**

もくようび 1•	•1 mardi
すいようび 2•	•2 dimanche
どようび 3•	•3 vendredi
げつようび 4•	•4 mercredi
にちようび 5•	•5 lundi
きんようび 6•	•6 jeudi
かようび 7•	•7 samedi

2 **En utilisant toutes les syllabes, reconstituez le nom des jours de la semaine (attention : certaines syllabes servent plusieurs fois).**

つ よ き す げ も く ん か に ち ど い う び

1. ....
2. ....
3. ....
4. ....
5. ....
6. ....
7. ....

Vérifiez vos réponses avec la banque de mots ci-dessus.

Banque de mots

テニス	tennis
ゴルフ	golf
ジョギング	jogging
ラグビー	rugby
かいもの	achats, courses

Un verbe est très utile et très utilisé : する *faire*. Ce verbe est un peu irrégulier. Quand on lui ajoute -ます, on obtient します. Ses formes négatives sont しない ／ しません. Comme pour tous les autres verbes, toutes les formes servent pour *je fais, tu fais... ils/elles font, je ne fais pas... ils/elles ne font pas.*

Ex. : テニス　を　します。
Je fais... ils/elles... font du tennis.

3 Traduisez en japonais.

1. Je ne fais pas de rugby. ....
2. Elle fait du golf. ....
3. Je fais du foot. ....
4. Est-ce que tu fais du tennis ? ....
5. Ils font du jogging. ....
6. Vous faites des courses ? ....
7. Nous ne faisons pas de jogging. ....

Comme complément dans une phrase, les jours de la semaine sont suivis de la particule に.

Ex. : げつようび　に　テニス　を　します。
Le lundi je fais du tennis.

Et un pas de plus avec les verbes : toutes les formes que nous avons vues jusqu'à présent servent aussi pour exprimer des actions à venir. いく ／ いきます : *j'irai, tu iras, il/elle ira, nous irons, vous irez, ils/elles iront.* いかない ／ いきません : *je n'irai pas, tu n'iras pas, il/elle n'ira pas, nous n'irons pas, vous n'irez pas, ils/elles n'iront pas.*

4 En regardant les dessins, répondez en japonais à la question : « Que fera-t-il lundi, mardi... ? »

PLANNING DE LA SEMAINE

Lundi	Mardi	Mercredi	Jeudi	Vendredi

1. Lundi
2. Mardi
3. Mercredi
4. Jeudi
5. Vendredi

Traduisez en japonais.

6. Samedi il fera des courses.
7. Dimanche il se reposera.

5 Répondez aux questions.

1. テニス　を　します　か。
はい、

2. ジョギング　を　する？
ううん

3. どようび　に　かいもの　を　します　か。
いいえ

4. ゴルフ　を　します　か。
はい、

5. かいもの　を　する？
うん、

Un petit mot bien pratique pour poser des questions : なに *quoi, que, qu'*. Il s'emploie comme un nom et doit donc être suivi de la particule qui indique sa fonction.

Ex. : **なに　を　します　か。** *Qu'est-ce que vous faites ?*

Attention : ce mot devient なん devant **t**, **d** et **n**.

6 En utilisant なに / なん, trouvez la question correspondant aux réponses.

1. そら　を　みます。 ....
2. はな　が　あります。 ....
3. じどうしゃ　に　のります。 ....
4. みず　を　のみます。 ....
5. じてんしゃ　で　いきます ....
6. しんぶん　を　よみます。 ....
7. かいもの　を　します。 ....
8. はし　で　たべます。 ....

Banque de mots

きょう	aujourd'hui
あした	demain
こんしゅう	cette semaine
らいしゅう	la semaine prochaine
こんげつ	ce mois-ci
らいげつ	le mois prochain
ことし	cette année
らいねん	l'année prochaine

Le japonais utilise des syllabes de structure : consonne + **y** + voyelle **a**, **o**, **u**. On ne peut pas écrire une consonne toute seule (sauf **n** → ん en fin de mot). Pour écrire ces syllabes, on prend le kana avec la syllabe **i** et on le fait suivre d'un petit ゃ, ゅ ou ょ : **kya** → きゃ, **ryu** → りゅ, **myo** → みょ.

Si le **o** ou le **u** est long, on ajoute う : **kyô** → きょう.

7 **Faites comme si vous étiez le 17 septembre 2050 et mettez face à chaque date l'expression qui convient.**

1. 2051 ....
2. septembre 2050 ....
3. du 12 au 19 septembre 2050 ....
4. 18 septembre 2050 ....
5. octobre 2050 ....

Contrairement au nom des jours de la semaine, les mots de temps du tableau précédent s'emploient sans particule.

8 **Transformez en phrases les dessins ci-dessous, en utilisant l'indication de temps. Utilisez les formes en -う et -ない. Quand l'image est barrée, utilisez la forme négative.**

1. la semaine prochaine

2. l'année prochaine

3. cette semaine

4. ce mois-ci

1. ....
2. ....
3. ....
4. ....

Il existe un mot pour demander « quand ? » : いつ.

9 **Répondez en utilisant le mot japonais qui correspond au mot français donné entre parenthèses et par une phrase qui reprend les éléments de la question. Puis traduisez vos réponses en utilisant toujours « je ».**

1. いつ　にほん　に　いきます　か。(cette année)

2. いつ　ぎんこう　に　いく？ (jeudi)

3. いつ　テニス　を　します　か。(mardi)

4. いつ　スーパー　で　かいもの　を　します　か。(aujourd'hui)

5. いつ　かいもの　に　いきます　か。(demain)

6. いつ　ともだち　と　あそぶ？ (samedi)

7. いつ　やすみます　か。(dimanche)

8. いつ　うみ　で　およぐ　？ (le mois prochain)

Félicitations !

Vous êtes venu à bout du chapitre 4 ! Il est maintenant temps de comptabiliser les icônes et de reporter le résultat en page 128 pour l'évaluation finale.

5

La particule の

N'importe quel nom peut recevoir une précision à l'aide d'un autre nom. Le système est toujours le même, le nom qui précise est placé devant et relié par la particule の. On appelle ce système la détermination. Le nom qui reçoit la précision s'appelle le « déterminé », le nom qui précise s'appelle le « déterminant ». Règle d'or : le déterminant précède toujours le déterminé.

Ex. : くるま *voiture*, おと *bruit* : くるま　の　おと *le bruit des voitures.*

La détermination permet d'exprimer la propriété.

Ex. : ともだち　の　でんしゃ
le vélo de [mon] ami.

Le japonais dispose de mots pour exprimer les personnes (*moi*, *toi*, *lui*…) qui fonctionnent exactement comme des noms et sont donc suivis des mêmes particules que les autres noms.

Il y a plusieurs versions selon le sexe, le degré de familiarité, la situation…

Ex. : pour *moi/je* : わたくし (formel) わたし (neutre) あたし (femmes) ぼく (hommes) おれ (hommes, très familier).

Ex. : わたし　／　あたし　／　ぼく　／　おれ　の　じてんしゃ
(Littéralement : « le vélo de moi ➜ mon vélo ».)

Le nom propre d'une personne autre que soi-même est toujours suivi d'un suffixe, même si c'est quelqu'un de proche. Le suffixe le plus neutre et le plus courant : さん.

Ex. : たむらさん
Équivaut à « Tamura », si c'est un ami, sinon, à « M/Mme Tamura ».

Banque de mots

とけい	montre
かばん	cartable, sac
けいたいでんわ	téléphone portable
わたし	moi/je
Xさん	[M./Mme] X
せんせい	professeur

1 Traduisez les expressions.

1. Ma montre ....
2. Le cartable du professeur ....
3. Le portable de M. Tamura ....
4. Mon portable ....
5. Le cartable de Mme Tamura ....
6. La montre du professeur ....
7. Mon cartable ....
8. La montre de Tamura ....
9. Le portable du professeur ....

La détermination par の permet d'exprimer le pays d'où vient un objet.
Ex. : ドイツ　の　じどうしゃ
les voitures allemandes.

Banque de mots

イギリス	Angleterre
ドイツ	Allemagne
イタリア	Italie
スペイン	Espagne
スイス	Suisse
ベルギー	Belgique
チーズ	fromage
ウイスキー	whisky
ハム	jambon
チョコレート	chocolat

2 Faites des phrases signifiant « J'achète... » en utilisant le nom du pays et l'objet. Puis traduisez ces phrases.

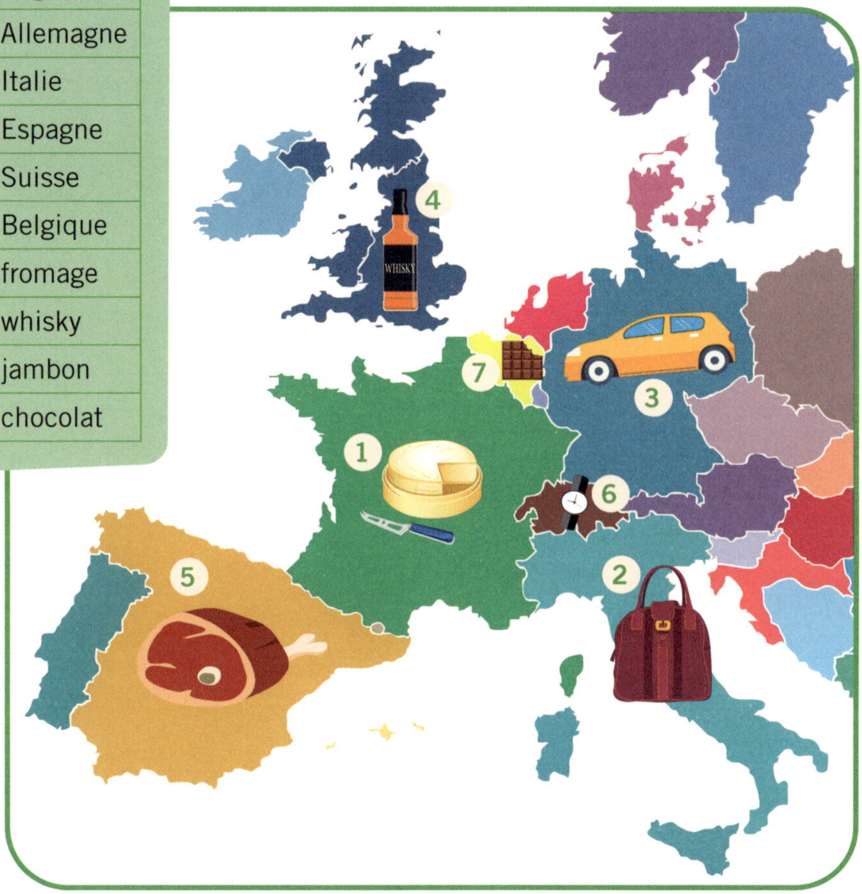

1. フランス の チーズ を かう。 J'achète des fromages français.
2. ....
3. ....
4. ....
5. ....
6. ....
7. ....

La détermination par の permet d'exprimer la matière dont est fait un objet.

Ex. : き *le bois*, おもちゃ *des jouets* → き　の　おもちゃ
des jouets en bois.

Banque de mots

きん	or
ぎん	argent
プラスチック	plastique
き	bois
かわ	cuir, peau
はこ	boîte
ゆびわ	bague, anneau
おもちゃ	jouet

3 Traduisez en japonais.

1. Une boîte en bois
....
2. Un sac de cuir
....
3. Une montre en or
....
4. Une bague en argent
....
5. Des jouets en plastique
....

La détermination par の permet d'exprimer un domaine.

Ex. : れきし　の　ざっし
une revue d'histoire.

Banque de mots

れきし	l'histoire
けいざい	l'économie
ぶんがく	la littérature
びじゅつ	les arts
ざっし	revue

4 Nommez en japonais chacun des objets représentés.

1. 

2. 

3. 

4. 

1. ....
2. ....
3. ....
4. ....

La détermination par の permet aussi de combiner des mots de temps.

Ex. : かようび　の　あさ *mardi matin* (littéralement : « le matin de mardi »).

Banque de mots

けさ	ce matin
こんばん	ce soir
あさ	matin
ばん	soir
よる	nuit
ひる	midi

5 Exprimez en japonais les moments indiqués dans le tableau.

	きょう	あした	すいようび	きんようび
あさ	1	3		
ひる			4	
ばん	2			5
よる				6

1. ....
2. ....
3. ....
4. ....
5. ....
6. ....

Un ensemble de noms permet la localisation spatiale.

Banque de mots

うえ	le dessus	うしろ	l'arrière
した	le dessous	みぎ	la droite
なか	le dedans	ひだり	la gauche
まえ	le devant		

6 **Regardez le tableau ci-dessus, puis cachez-le et mettez le bon mot dans la bonne case.**

On utilise les mots de l'exercice précédent pour situer des objets ou des personnes, en employant le système de la détermination par の.

Ex. : つくえ　の　うえ *sur la table*
(littéralement : « le dessus de la table »).

7 **Regardez les dessins de l'exercice précédent et dites les différents endroits où se trouve le chat.**

Banque de mots

ひきだし	tiroir
つくえ	table, bureau

1. ....
2. ....
3. ....
4. ....
5. ....
6. ....
7. ....

Comme tous les autres noms, les noms utilisés pour la localisation doivent être suivis de la particule qui indique leur fonction.

Ex. : つくえ　の　**うえ**　**に**　しんぶん　が　あります。

Sur la table il y a un journal.

8 **Faites une phrase pour décrire ce que représente chaque dessin.**

1. 

2. 

3. 

1. ....

2. ....

3. ....

9 **À la place des pointillés, en vous aidant de la traduction française, mettez les particules qui conviennent.**

1. バスてい .... まえ .... ともだち .... はなします。
Je parle avec un ami devant l'arrêt de bus.
2. かばん .... なか .... ほん .... だします。
Il sort un livre de [son] cartable.
3. くるま .... みぎ .... まがります。
Une voiture tourne à droite.
4. えき .... ひだり .... さとうさん .... まちます。
J'attends Mme Satô à gauche de la gare.
5. き .... はこ .... なか .... ゆびわ .... いれます。
Je mets mes bagues dans une boîte en bois.
6. つくえ .... した .... みます。
Elle regarde sous la table.

Banque de mots

いれる	mettre dans
だす	sortir (quelque chose) de
まがる	tourner

Puisque tout nom peut recevoir un déterminant, le mot qui est déterminant peut à son tour recevoir un déterminant, toujours par l'intermédiaire de la particule の…

Ex. : いえ　の　まえ　の き
l'arbre devant la maison.

Banque de mots

あじ	goût
たけ	bambou
しゃしん	photo

10 Traduisez en japonais.

1. Un livre d'histoire de la langue japonaise.

……………………………………………………………

2. Le cartable en cuir du professeur.

……………………………………………………………

3. Mardi prochain au soir.

……………………………………………………………

4. Le goût du chocolat suisse.

……………………………………………………………

5. Ma revue de photos.

……………………………………………………………

6. Dans la voiture de Tamura.

……………………………………………………………

7. Un livre sur l'économie allemande.

……………………………………………………………

8. Une table japonaise en bambou.

……………………………………………………………

Même après une longue suite de mots s'enchaînant par の, le dernier doit recevoir la particule qui indique la fonction, dans la phrase, de l'ensemble ainsi constitué.

Banque de mots

とる	prendre

Insérez la particule qui convient et traduisez en français.

1. ドイツ …… き …… おもちゃ …… かいます。
2. えき …… みぎ …… ほんや …… まえ …… ねこ …… います。
3. ほんだな …… みぎ …… つくえ …… うえ …… ほん …… とります。
4. はこ …… なか …… わたし …… きん …… ゆびわ …… だします。
5. たむらさん …… にわ …… き …… した …… やすみます。

1. J' ……………………………………………………………
2. ……………………………………………………………
3. Elle ……………………………………………………………
4. Je ……………………………………………………………
5. Ils ……………………………………………………………

Félicitations !

Vous êtes venu à bout du chapitre 5 ! Il est maintenant temps de comptabiliser les icônes et de reporter le résultat en page 128 pour l'évaluation finale.

6

Les termes de parenté
La forme passée des verbes

Ce qui est particulier dans le système des termes de parenté, c'est qu'on emploie des mots différents pour parler de sa propre famille et de celle des autres. Et aussi, pour les frères et sœurs, on distingue les aînés des cadets. De plus, l'usage diffère si celui qui parle est un enfant ou un adulte.

Banque de mots

ma famille	
ma mère	はは
mon père	ちち
ma sœur aînée	あね
mon frère aîné	あに
ma sœur cadette	いもうと
mon frère cadet	おとうと

la famille de quelqu'un d'autre	
votre/sa mère	おかあさん
votre/son père	おとうさん
votre/sa sœur aînée	おねえさん
votre/son frère aîné	おにいさん
votre/sa sœur cadette	いもうとさん
votre/son frère cadet	おとうとさん

Un petit rappel : le う après une syllabe en **o** indique que le **o** est long : おとうさん = **otôsan**.

1 **Étudiez le tableau de vocabulaire puis, sans le regarder, répartissez les mots suivants dans les deux rubriques.**

おかあさん、いもうと、あね、おとうさん、はは、おとうとさん、あに、おねえさん、おとうと、ちち、おにいさん、いもうとさん

Ma famille : ....

....

La famille d'un autre : ....

....

Banque de mots

ma famille	
ma grand-mère	そぼ
mon grand-père	そふ
ma tante	おば
mon oncle	おじ

la famille de quelqu'un d'autre	
votre/sa grand-mère	おばあさん
votre/son grand-père	おじいさん
votre/sa tante	おばさん
votre/son oncle	おじさん

2 **Imaginez que vous êtes le garçon de 18 ans. Placez dans chaque case de l'arbre généalogique le terme que vous devez utiliser pour parler de cette personne.**

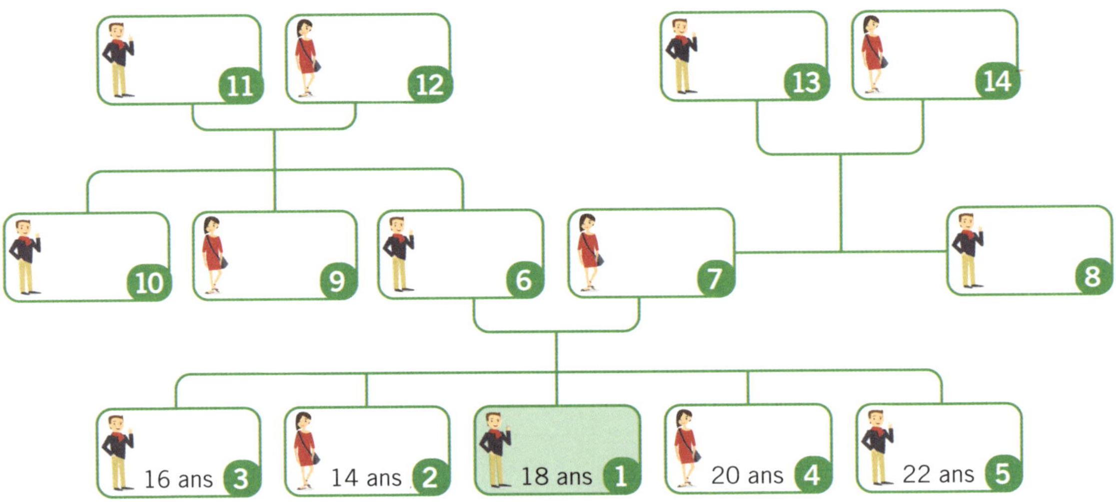

Banque de mots

ma famille	
ma femme	つま ／ かない
mon mari	しゅじん
ma fille	むすめ
mon fils	むすこ

la famille de quelqu'un d'autre	
votre/sa femme	おくさん
votre/son mari	ごしゅじん
votre/sa fille	むすめさん
votre/son fils	むすこさん

3 Indiquez quel terme doit utiliser M. Satô quand il parle de :

1. ....
b. ....
3. ....
2. ....
a. ....

Indiquez quel terme doit utiliser Mme Tanaka quand elle parle de :

c. ....
1. ....
3. ....
a. ....
b. ....

La série de termes employés par les enfants est la série qu'utilisent les adultes pour parler de la famille de quelqu'un d'autre.

4 Mettez dans chaque case le terme que l'enfant utilise pour parler de ce personnage.

Il existe une série de formes pour parler d'un fait passé ou d'un fait que l'on considère comme accompli. Cette série utilise le suffixe -た pour les situations de familiarité et le suffixe -ました pour les autres cas.

Pour les verbes de type 1, ces suffixes s'ajoutent directement au radical (ce qui reste quand on enlève **-ru**).

Ex. : みる ➜ みた ／ みました = *J'ai regardé, tu as regardé, il/elle a regardé, nous avons regardé, vous avez regardé, ils/elles ont regardé.*

Pour le verbe irrégulier する, le radical auquel s'ajoutent tous les suffixes est し- (cf. します, しません). Donc : する ➜ した ／ しました.

5 Fabriquez les formes en -た et -ました des verbes suivants.

	Forme en -た	Forme en -ました
たべる		
みる		
きこえる		
でかける		
する		
いれる		
おりる		
いる		

Pour les verbes de type 2, c'est différent pour -た et -ました.

Avec -ました, il faut enlever le **-u** final et le remplacer par **-i**, comme avec -ます.

Ex. : のむ ➜ のみ ➜ のみました *J'ai, tu as, il/elle a, nous avons, vous avez, ils/elles ont bu.*

Avec -た, tout dépend de la consonne de la syllabe finale de la forme du dictionnaire.

- Verbes en **-su** : comme pour -た, il faut enlever le **-u** final et le remplacer par **-i**.

Ex. : はなす ➜ はな**し**た *J'ai… ils/elles ont parlé.*

Mais pour tous les autres verbes, avec le temps, il y a eu quelques changements phonétiques, dont voici le résultat.

- Verbes en **-ku** : **-ku** est remplacé par **-i**.

Ex. : まねく ➜ まね**い**た *J'ai… ils/elles… ont invité.*

- Verbes en **-gu** : **-gu** est remplacé par **-i** et **-ta** devient **-da**.

Ex. : いそぐ ➜ いそ**いだ** *Je me suis… ils/elles se sont dépêché(e)(s).*

- Verbes en **-mu**, **-nu**, **-bu** : cette syllabe est remplacée par **-n** et **-ta** devient **-da**.

Ex. : よぶ ➜ よ**んだ** *J'ai… ils/elles ont appelé.*

- Verbes en **-u**, **-tsu**, **-ru** : cette syllabe est remplacée par **-t**.

Ex. : ある ➜ あ**っ**た *Il y avait.*

Le petit つ indique que la consonne qui suit est redoublée. あった : on prononce les deux **t** comme dans at… tchoum !

Un cas spécial : le verbe いく se termine bien par く, mais il est irrégulier pour sa forme en -た : いく ➜ いった.

Les formes de passé/accompli ont un équivalent négatif.

1. Formes **de familiarité** : on remplace ない (cf. chapitre 1, exercice 8) par なかった.

Ex. : いく *Je vais… ils/elles vont* いかない *Je ne vais pas… ils/elles ne vont pas*
いかなかった *Je ne suis pas allé(e)… ils/elles ne sont pas allé(e)s.*

2. Formes **pour toutes les situations** : pour tous les verbes, on ajoute でした à la forme négative en -ません.

Ex. : いく *Je vais… ils/elles vont* いきません *Je ne vais pas… ils/elles ne vont pas*
いきません でした *Je ne suis pas allé(e)… ils/elles ne sont pas allé(e)s.*

6 Fabriquez les formes en -ました et -た des verbes suivants.

	Forme en -ました	Forme en -た
だす		
よむ		
うたう		
とる		
かく		
まつ		
いく		
やすむ		
まがる		
かう		
およぐ		
あそぶ		

7 Traduisez les phrases suivantes en français.

1. はし　で　たべません　でした。

Elle ……………………………………………………………………

2. けさ　コーヒー　を　のまなかった。

Je …………………………………………………………… ce matin.

3. おと　が　きこえません　でした　か。

Vous ……………………………………………………………………

4. かばん　の　なか　に　しんぶん　を　いれません　でした。

Il ……………………………………………………………………

5. ちち　と　うみ　に　いかなった。

Je ……………………………………………………………………

6. どようび　に　ジョギング　を　しません　でした。

Je ....

7. にちようび　に　おにいさん　と　レストラン　に　いかなかった ?

Est-ce que tu ....

8. スーパー　で　チーズ　を　かいません　でした。

Nous ....

Certains verbes appellent un destinataire. Pour le désigner on emploie la particule に.

Ex. : そぼ　**に**　しゃしん　を　おくりました。

J'ai envoyé des photos à ma grand-mère.

Banque de mots

プレゼント	cadeau
メール	mail
はがき	carte postale

8 Traduisez les phrases suivantes en japonais.

1. J'achète des jouets pour ma petite sœur.

....

2. J'envoie des livres à mon oncle.

....

3. Est-ce que vous avez acheté un cadeau pour votre mère ?

....

4. Je n'ai pas écrit de mail à ma tante.

....

5. Est-ce que vous avez acheté une montre pour votre père ?

....

6. Je vais écrire une carte postale à ma grand-mère.

....

7. Nous parlerons au professeur ce soir.

....

Juste un petit plus : pour désigner la personne avec qui on fait une action, on utilise la particule と. Mais en général on l'accompagne d'une locution adverbiale, いっしょ　に, « ensemble » : と　いっしょ　に, littéralement « ensemble avec ».

Banque de mots

きのう	hier
せんしゅう	la semaine dernière
せんげつ	le mois dernier
きょねん	l'année dernière
でんわ	téléphone
でんわ　する	téléphoner

9 Traduisez en japonais les phrases en page suivante, en utilisant les éléments ci-dessous. Il faut ajouter les particules et mettre le verbe à la forme qui convient. Certains éléments sont utilisés plusieurs fois.

レストラン　きょねん　おにいさん
あね　くるま　ドイツ　テレビ　よる
きのう　でんしゃ　かようび
けさ　おじ　でんわ　おとうさん
いく　する　みる　のる
おかあさん　ちち　せんしゅう
スペイン　せんげつ　はなす
いっしょ　おじいさん

1. Je suis allée l'année dernière en Allemagne avec ma sœur [aînée].

....

2. Hier nous sommes allés au restaurant avec notre père.

....

3. Mardi dernier [littéralement : « mardi de la semaine dernière »] j'ai pris le train avec ton frère [aîné].

....

4. Je n'ai pas parlé à ton père hier.

....

5. Je suis allé en voiture en Espagne avec mon oncle le mois dernier.

....

6. Hier soir j'ai regardé la télé avec mon papi.

....

7. Ce matin avez-vous téléphoné à votre mère ?

....

Félicitations !

Vous êtes venu à bout du chapitre 6 ! Il est maintenant temps de comptabiliser les icônes et de reporter le résultat en page 128 pour l'évaluation finale.

7

Les démonstratifs

Le japonais a un système de démonstratifs à trois dimensions, bâti sur trois radicaux : こ-, あ- et そ-.

こ- sert pour ce qui est le plus près de celui qui parle.

あ- sert pour ce qui est loin de celui qui parle.

そ- sert pour ce qui est à distance moyenne entre les deux interlocuteurs.

À partir des radicaux, on construit des pronoms et des adjectifs démonstratifs.

	Pronom (lieu)	Pronom (objet)	Adjectif
こ-	ここ *ici*	これ *ça ici*	この + nom *ce... ici*
あ-	あそこ *là-bas*	あれ *ça là-bas*	あの + nom *ce... là-bas*
そ-	そこ *là*	それ *ça là*	その + nom *ce... là*

1 **En utilisant ここ, あそこ, そこ, répondez à la place de M. Tanaka, en japonais, aux questions qui lui sont posées.**

1. Où est le sac ? ....
2. Où est l'étagère ? ....
3. Où sont les livres ? ....
4. Où est le piano ? ....
5. Où est la table ? ....
6. Où est la montre ? ....

2 En utilisant この, あの, その, mettez dans la bonne case les expressions employées par Mme Satô.

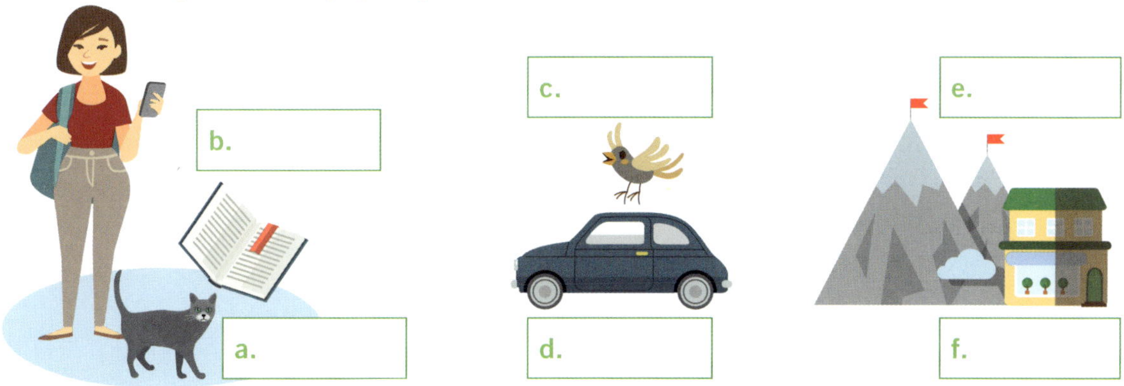

1. あの　うち
2. この　ほん
3. その　とり
4. その　くるま
5. この　ねこ
6. あの　やま

Banque de mots

いつも	toujours
パン	pain
パンや	boulangerie
べんきょう　する	étudier
たてもの	bâtiment

3 Traduisez en japonais.

1. J'achète toujours mon pain dans cette boulangerie [celle où je suis en ce moment].

....

2. Je l'ai lu dans cette revue [qui est là un peu plus loin].

....

3. J'étudie dans cette pièce [tout là-bas].

....

4. Est-ce qu'on n'entrerait pas dans ce restaurant [là un peu plus loin] ?

....

5. Je prends toujours mon bus à cet arrêt [où nous sommes].

....

6. Est-ce que vous voyez ce bâtiment [là-bas] ?

....

Pour demander quelque chose, on peut utiliser l'expression : nom + を　ください (littéralement : « donnez-moi... »), en indiquant l'objet d'un geste de la main.

Ex. : これ　を　ください *Ça, s'il vous plaît.* (Littéralement : « Donnez-moi ça. »)

4 **En utilisant これ，　あれ，　それ，composez les phrases que dirait Mme Satô pour obtenir l'objet 1, l'objet 2, l'objet 3.**

1. ....

....

2. ....

....

3. ....

....

Traduisez en japonais.

4. Est-ce que vous <u>voyez</u> ça [là-bas] ?

....

5. Est-ce que tu <u>as lu</u> ça [juste ici] ?

....

6. Est-ce que vous <u>mangez</u> ça [là un peu plus loin] ?

....

Banque de mots

よく	souvent, bien
ちょっと	un peu
え	dessin, tableau
こうえん	jardin public, parc

5 **Remplacez les pointillés par le démonstratif qui convient.**

1. Ils sont sur cette table [là-bas].

…… つくえ　の　うえ　に　あります。

2. J'ai souvent mangé dans ce restaurant [là pas loin].

よく …… レストラン　で　たべました。

3. J'ai acheté ça [là un peu plus loin] à ce supermarché là-bas.

…… スーパー　で …… を　かいました。

4. Donnez-moi ces fleurs-ci.

…… はな　を　ください。

5. Est-ce qu'on ne se reposerait pas un peu là-bas ?

ちょっと …… で　やすみません　か。

6. Ici on écrit l'adresse.

…… に　じゅうしょ　を　かきます。

7. On ne monterait pas dans celui-là là-bas ?

…… に　のりません　か。

8. Tu as vu ce chat, là [un peu plus loin] ?

…… ねこ　を　みました　か。

9. Il peint avec ça [devant nous].

…… で　え　を　かきます。

10. Il y a un jardin public, là [pas loin].

…… に　こうえん　が　あります。

6 Traduisez en japonais.

1. Qu'est-ce qu'il y a là-bas ?

2. Qu'est-ce qu'on fait là [pas loin] ?

3. Il a dessiné ça là avec ces crayons-ci.

4. Donnez-moi ça [là un peu plus loin].

5. Derrière cette montagne [au loin] il y a la mer.

6. Est-ce qu'on ne ferait pas notre jogging vendredi prochain dans ce parc [là un peu plus loin] ?

Félicitations !

Vous êtes venu à bout du chapitre 7 ! Il est maintenant temps de comptabiliser les icônes et de reporter le résultat en page 128 pour l'évaluation finale.

8

Le mot だ - Les particules は et も

On traduit souvent le mot dont la forme du dictionnaire est だ par « c'est/ce sont ». Dans beaucoup de cas, c'est justifié. Mais だ sert à introduire, sous la forme d'un nom, toutes sortes d'éléments d'identification : le nom, l'âge, le pays d'origine, les choix…

Ex. : サッカー　の　ざっし　だ。 *C'est une revue de foot.*

Mais : スペイン　だ。 *Il vient d'Espagne.* (Littéralement : « C'est l'Espagne. »)
Ou コーヒー　だ。 *Je prendrai un café.* (Littéralement : « C'est un café. »)

Notez que だ s'emploie surtout à l'écrit, dans un langage neutre, et que même en situation de familiarité on emploie en général です.

	Familiarité	Autres situations
Présent affirmatif	だ ／ です	です
Présent négatif	で　は　ない	で　は　ありません
Passé affirmatif	だった	でした
Passé négatif	で　は　なかった	で　は　ありません　でした

1 En cachant le tableau ci-dessus, associez le français et le japonais par des flèches.

C'est **1.**	**a.** で　は　ない
C'est **2.**	**b.** で　は　ありません　でした
Ce n'est pas **3.**	**c.** でした
Ce n'est pas **4.**	**d.** で　は　なかった
C'était **5.**	**e.** です
C'était **6.**	**f.** で　は　ありません
Ce n'était pas **7.**	**g.** だ
Ce n'était pas **8.**	**h.** だった

2 **Sous chaque dessin, répondez à la question posée, d'abord par la négative, puis en donnant la bonne identification.**

1.  2. 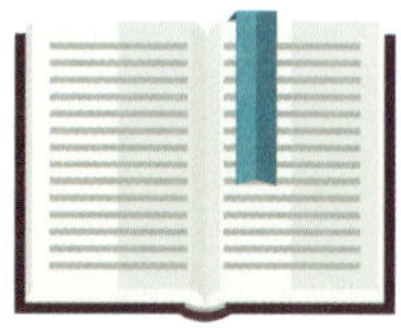 3.  4. 

1. ボールペン　です　か。
いいえ、…………………………。…………　です。
2. しんぶん　です　か。
いいえ、…………………………。…………。
3. とけい　です　か。
いいえ、…………………………。…………。
4. ピザ　です　か。
いいえ、…………………………。…………。

3 **Traduisez en japonais.**

1. Ce n'était pas lundi. …………………………
2. C'est mon frère [aîné]. …………………………
3. Ce n'est pas mon adresse. …………………………
4. C'est la maison de mon grand-père. …………………………
5. C'était l'année dernière. …………………………
6. Est-ce que c'était un ami de votre sœur [aînée] ? …………………………
…………………………
7. Ce ne sont pas les jouets de ma petite sœur. …………………………
…………………………
8. Est-ce que ce n'était pas le sac du professeur ? …………………………
…………………………

Le japonais dispose d'une particule spéciale pour indiquer que ce dont on parle est déjà connu. C'est la particule は (**wa**). Le mot suivi de は est toujours en tête de phrase.

Quand plusieurs phrases concernent la même personne ou le même objet, on ne répète pas.

Attention, cette particule qui se prononce bien **wa** s'écrit avec le hiragana pour **ha** : は.

Il y a plusieurs possibilités.
La première : la personne ou l'objet est là, devant les yeux, ou on en a déjà parlé.
Ex. : あの　たてもの　**は**　ぎんこう　です。
Ce bâtiment là-bas, c'est une banque.

Pour indiquer la nationalité, on fait suivre le nom du pays du mot **-jin**, qui est une des prononciations chinoises du kanji pour « être humain » 人 (prononciation japonaise : **hito**) : *Japonais* にほん**じん**, *Français* フランス**じん**.

4 **Pour chaque personnage, exprimez en trois phrases séparées, ses trois caractéristiques.**

Banque de mots

がくせい	étudiant(e)
いしゃ	médecin
ぎんこういん	employé(e) de banque
やきゅう	base-ball

1. ………………………。 ………………………。 ………………………。

2. ………………………。 ………………………。 ………………………。

3. ………………………。 ………………………。 ………………………。

Deuxième possibilité : on emploie は quand on parle de quelque chose ou quelqu'un que les deux interlocuteurs connaissent.

Ex. : たなかさん　**は**　らいげつ　ドイツ　に　いきます。
Tanaka [que nous connaissons tous les deux] *va en Allemagne le mois prochain.*

À part pour l'anglais (えいご), le nom d'une langue se fait en ajoutant **-go** (littéralement : « langue ») au nom du pays.

Ex. : *le chinois* ちゅうごくご, *l'allemand* ドイツご.

Banque de mots

まいあさ	chaque matin, tous les matins
いえ	maison
しゅしょう	Premier ministre
ちゅうごく	Chine

5 Traduisez en japonais.

1. Mon père lit son journal tous les matins.

....

2. Mon ami est allé en Suisse la semaine dernière.

....

3. La fille de Mme Ogawa comprend bien le français.

....

4. La maison de [notre ami] Tanaka se trouve derrière la gare.

....

5. Mon frère joue souvent au tennis [= fait souvent du tennis].

....

6. Le Premier ministre va en Chine la semaine prochaine.

....

Troisième possibilité : il s'agit d'une généralité, de quelque chose que tout le monde connaît ou est censé savoir.

Ex. : ゴルフ　**は**　イギリス　の　スポーツ　です。
Le golf est un sport anglais.

Banque de mots

アフリカ	Afrique	さくら	cerisier
スコットランド	Écosse	さく	fleurir
どうぶつ	animal	ちきゅう	la Terre
ライオン	lion	しがつ	avril
しゅと	capitale d'un pays	わくせい	planète
スパゲッティ	spaghetti	のみもの	boisson

6 Traduisez chaque phrase en utilisant les mots contenus dans la bulle correspondante.

1. です ライオン の は どうぶつ アフリカ

2. は しゅと とうきょう にほん の だ

3. を は たべます イタリアじん スパゲッティ よく

4. は さくら さきます に しがつ

5. わくせい ちきゅう だ は

6. の は のみもの スコットランド ウイスキー です

1. Le lion est un animal d'Afrique.

....

2. Tôkyô est la capitale du Japon.

....

3. Les Italiens mangent beaucoup de spaghettis.

....

4. Les cerisiers fleurissent en avril.

....

5. La Terre est une planète.

....

6. Le whisky est une boisson écossaise.

....

Quatrième possibilité : は peut s'employer en même temps qu'une autre particule (sauf が et を) pour marquer une opposition sous-jacente.

Ex. : ともだち　と　よく　でんわ　で　**はなします。**
Je parle souvent au téléphone avec mes amis.

ともだち　と　**は**　よく　でんわ　で　はなします。
Je parle souvent au téléphone avec mes amis. (Sous-entendu : pas avec mes parents.)

Banque de mots

おんせん	sources chaudes
たくさん	beaucoup

7 Traduisez en japonais.

1. Au Japon il y a beaucoup de sources chaudes.

2. Au Japon [par rapport à d'autres pays] il y a beaucoup de sources chaudes.

3. Au Japon on mange avec des baguettes.

4. Au Japon [mais pas en France] on mange avec des baguettes.

5. Je vais de chez moi [= à la maison] à la gare en bus.

6. Je vais de chez moi [= à la maison] jusqu'à la gare en bus [mais pas jusqu'à d'autres lieux].

Dans un ensemble de deux phrases (ou plus), la particule も remplace は, が ou を si la deuxième phrase est parallèle à la première, avec seulement un élément qui change.

Ex. : たなかさん　は　いしゃ　です。さとうさん　**も**　いしゃ　です。
M. Tanaka est médecin. Mme Satô aussi est médecin.

まいあさ　コーヒー　を　のみます。ジュース　**も**　のみます。
Tous les matins je bois du café. Je bois aussi un jus de fruit.

Banque de mots

はやく	vite, tôt	はちみつ	miel
おきる	se lever	クロワッサン	croissant
あさごはん	petit-déjeuner	ニュース	infos (à la télé, à la radio)
ジュース	jus de fruit	ドラマ	série télévisée, téléfilm
ジャム	confiture		

8 **Complétez le texte avec les particules adéquates, puis traduisez-le en français.**

1. わたし ...... たなか　です。
2. せんせい　です。
3. かない ...... せんせい　です。
4. けさ　はやく　おきました。
5. かない ...... はやく　おきました
6. いっしょ ...... あさごはん ...... たべました。
7. つくえ ...... うえ ...... ジャム ...... ありました。
8. はちみつ ...... ありました。
9. かない ...... パン ...... たべました。
10. クロワッサン ...... たべました。
11. わたし ... コーヒー ...... のみました。
12. かない ...... コーヒー ...... のみました。
13. かない ...... ジュース ...... のみました。
14. テレビ ...... ニュース ...... みました。
15. ドラマ ...... みました。

1. ....

2. ....

3. ....

4. ....

5. ....

6. ....

7. ....

8. ....

9. ....

10. ....

11. ....

12. ....

13. ....

14. ....

15. ....

Félicitations !

Vous êtes venu à bout du chapitre 8 ! Il est maintenant temps de comptabiliser les icônes et de reporter le résultat en page 128 pour l'évaluation finale.

9

Les adjectifs (1) : adjectifs en -i

Les mots japonais dont le sens correspond aux adjectifs du français se comportent comme des verbes. Ils varient en fonction de la personne à qui on s'adresse. Il y a une forme de familiarité et une forme pour les autres situations. Ce sera la même convention que pour les verbes : l'adjectif français est souligné quand il faut utiliser la forme pour les autres situations.

Il existe deux catégories d'adjectifs. Tous les adjectifs de la première catégorie ont une forme du dictionnaire en **-i**. Ce **-i** suit toujours une voyelle.

	Forme de familiarité	Autres situations
おいしい Être bon	おいしい	おいしいです

Banque de mots

さむい	être/avoir froid
たかい	être cher, être haut
おいしい	être bon (au goût)
とおい	être loin

1 **Mettez dans les bulles la formule qui convient, en fonction de l'interlocuteur.**

1. à son frère ....
2. à un inconnu ....

3. à ses invités ....
4. à son fils ....

5. à une amie ....
6. à la vendeuse ....

7. à son patron ....
8. à un copain ....

La variation des adjectifs en **-i** est comme celle des verbes : on ajoute des suffixes. Mais il faut d'abord mettre l'adjectif à la forme en **-ku**. Il suffit de remplacer **-i** par **-ku**.

Ex. : おいしい → おいしく　　たかい → たかく

Attention, l'adjectif « être bien » いい est un peu irrégulier, sa forme en **-ku** est よく.

Banque de mots

あたらしい	être neuf, nouveau
たのしい	être agréable, joyeux
おおきい	être grand
ちいさい	être petit

2 **Composez la forme en -ku des adjectifs du tableau suivant.**

	Forme en **-ku**
1. さむい	
2. とおい	
3. ちいさい	
4. あたらしい	
5. おおきい	
6. たのしい	

C'est la forme en **-ku** qui permet de construire la forme négative. Pour la forme de familiarité, on ajoute le suffixe ない, comme pour les verbes. Pour les autres situations on ajoute le mot ありません.

Ex. : *Ce n'est pas bon* : おいしく**ない** ／ おいしく　**ありません**

3 **Traduisez en japonais.**

1. Ce n'est pas grand. ....
2. Ce n'est pas difficile. ....
3. Ce n'est pas intéressant. ....
4. Ce n'est pas bon. ....
5. Ce n'est pas bien. ....
6. Il ne fait pas froid. ....

Banque de mots

むずかしい	être difficile
おもしろい	être intéressant

L'adjectif peut se mettre au passé. La forme passée se construit sur la forme en **-ku**, à laquelle on ajoute あった. Mais il intervient une modification phonétique, **u** + **a** donne **a** ; **-ku** + **atta** donne **-katta**. La forme ainsi obtenue est la forme de familiarité. Pour les autres situations, il faut ajouter です.

Ex. : *est agréable* たのしい ➜ forme en **-ku** たのしく ; *était agréable* : familiarité たの**しかった**, autre situation たのし**かった**　です.

Pour le passé négatif, le suffixe **-nai** varie comme un adjectif en **-i**, donc ses formes passées sont なかった et なかった　です.

Ex. : *n'est pas intéressant* おもしろくない ; *n'était pas intéressant* : familiarité おもしろく**なかった**, autre situation おもしろく**なかった**　です.

4 **Remplissez le tableau avec les formes demandées et donnez le sens du mot ainsi obtenu.**

	Passé, familiarité	Passé, autre situation	Passé négatif, familiarité	Passé négatif, autre situation
1. おいしい				
2. むずかしい				
3. いい				
4. おもしろい				
5. さむい				
6. たのしい				

Un adjectif peut s'employer comme épithète d'un nom ; il est alors toujours placé directement devant lui. Attention : la seule forme possible dans cet emploi est la forme de familiarité.

Ex. : **あたらしい くるま**,
une voiture neuve,

おもしろい ほん,
un livre intéressant.

Banque de mots

ふるい	être vieux, ancien
あかい	être rouge
くらい	être sombre
すばらしい	être magnifique

5 **À l'aide des mots contenus dans la bulle, traduisez les expressions suivantes. Attention, certains mots servent plusieurs fois.**

1. Une voiture rouge ....
2. Une vieille montre ....
3. Un magnifique piano ....
4. Une pièce sombre ....
5. Une voiture ancienne ....

Quand on attribue une qualité à une personne ou à un objet, cette personne ou cet objet est obligatoirement déjà connu(e). Donc le mot qui la/le désigne est suivi de は.

6 Traduisez en japonais.

1. La voiture de mon père est neuve.

....

2. Ces fromages sont délicieux.

....

3. Ce livre n'est pas intéressant.

....

4. La banque est loin de la gare.

....

5. La maison de ma grand-mère n'était pas grande.

....

6. Les problèmes de l'examen n'étaient pas difficiles.

....

Banque de mots

しけん	examen, concours
もんだい	problème, sujet d'examen

Quand on emploie deux adjectifs pour le même mot, le premier se met à la forme dite en **-te**, construite sur la forme en **-ku**, même si l'ensemble est au passé. La négation devient alors… なくて. Si les deux adjectifs sont épithètes, ils sont tous les deux devant le mot qualifié.

Ex. : おおき**くて** くらい へや

une grande pièce sombre.

Banque de mots

やすい	être bon marché
くろい	être noir
ひと	homme (être humain)

7 Complétez en traduisant la partie en italique.

1. Ce restaurant *est délicieux et bon marché*.
この　レストラン　は .... です。

2. J'ai acheté une voiture *bon marché et noire*.
.... くるま　を　かいました。

3. Ce livre n'était pas *intéressant et cher*.
その　ほん　は .... 。

4. M. Tanaka est un homme *joyeux et intéressant*.
たなかさん　は .... ひと　です。

Félicitations !

Vous êtes venu à bout du chapitre 9 ! Il est maintenant temps de comptabiliser les icônes et de reporter le résultat en page 128 pour l'évaluation finale.

10

Les adjectifs (2) : adjectifs invariables

Les adjectifs de la seconde catégorie sont les adjectifs invariables, qui fonctionnent plutôt comme des noms. Ils doivent toujours être accompagnés d'une forme du mot だ qui portera toutes les variations : par exemple le passé et la négation.

Pour le passé affirmatif, on ajoute les formes passées du mot だ.

Ex. : きれい　だ／です *est beau* きれい　**だった／でした** *était beau.*

Banque de mots

きれい	beau	しんせつ	gentil, aimable
ゆうめい	célèbre		
べんり	pratique	まち	ville
じょうぶ	solide	アパート	appartement

1 Remplissez le tableau en suivant l'exemple de la première ligne.

	Familiarité	Autre situation	Passé, familiarité	Passé, autre situation
じょうぶ	じょうぶ だ *est solide*	じょうぶ です *est solide*	じょうぶ だった *était solide*	じょうぶ でした *était solide*
1. ゆうめい				
2. べんり				
3. しんせつ				

La négation se construit de la même façon, en ajoutant les formes négatives, y compris passées, du mot だ.

Ex. : きれい　で　は　ない　／　で　は　ありません
n'est pas beau.

きれい　で　は　なかった　／　きれい　で　は　ありません　でした　*n'était pas beau.*

2 **Remplissez le tableau en suivant l'exemple de la première ligne.**

	Familiarité	Autre situation	Passé, familiarité	Passé, autre situation
じょうぶ	じょうぶ で は ない *n'est pas solide*	じょうぶ で は ありあせん *n'est pas solide*	じょうぶ で は なかった *n'était pas solide*	じょうぶ で は ありません でした *n'était pas solide*
1. ゆうめい				
2. べんり				
3. しんせつ				

Banque de mots

げんき	en bonne forme, en bonne santé
すてき	mignon, chic

Les adjectifs invariables peuvent s'utiliser comme épithètes ; ils sont toujours placés devant le nom, mais lui sont reliés par une particule, な.

À savoir… pour plus tard : avec quelques adjectifs, on utilise la particule の pour la même fonction.

Banque de mots

セーター	pull
くつ	chaussure

3 Traduisez en japonais.

1. Cette ville [ici] était célèbre.

2. Ce bâtiment là-bas n'est pas beau.

3. Mon appartement est pratique.

4. La voiture de mon oncle est solide.

5. Cet homme [loin dans le passé] était aimable.

6. Hier notre grand-père n'était pas en bonne forme.

7. Le sac de ma sœur [aînée] n'était pas solide.

4 Traduisez les expressions suivantes en associant le nom et l'adjectif qui convient.

アパート

じょうぶ　べんり

ひと　はな　しんせつ

きれい　すてき

たてもの　ゆうめい

くつ　セーター

1. De belles fleurs

2. Un homme gentil

3. Un pull chic

4. Un appartement pratique

5. Un célèbre bâtiment

6. Des chaussures solides

Quand deux adjectifs se font suite et que le premier est invariable, il doit être suivi de で (une forme particulière du mot だ).

Ex. : *C'est un restaurant célèbre et délicieux.*
ゆうめい　で　おいしい　レストラン　です。

5 Remplacez les pointillés en traduisant les adjectifs en italique.

1. Cette ville était *belle et célèbre*.
この　まち　は .... でした。
2. Mon appartement est *pratique et bon marché*.
わたし　の　アパート　は .... 。
3. Cet homme était quelqu'un de *gentil et intéressant*.
その　ひと　は .... ひと　でした。
4. Cet homme était quelqu'un d'*intéressant et gentil*.
その　ひと　は .... ひと　でした。
5. Les chaussures de ce magasin sont *chics et solides*.
この　みせ　の　くつ　は .... です。

Le verbe なる *devenir* a une construction particulière :

- s'il suit un nom, on utilise la particule に pour le relier au nom.

Ex. : きれい　な　まち　**に**　なりました。
C'est devenu une belle ville.

- S'il suit un adjectif invariable, il est aussi relié à lui par la particule に.

Ex. : ゆうめい　**に**　なった。
Il est devenu célèbre.

- S'il suit un adjectif en **-i**, celui-ci doit être mis à la forme en **-ku**.

Ex. : くらく　なる。
Il se fait sombre (littéralement : « Ça devient sombre »).

6 Transformez les phrases en utilisant le verbe なる à la forme qui convient.

1. いしゃ でした。 ....
2. さむい です。 ....
3. ぎんこういん だった。 ....
4. おおきい。 ....
5. くらかった です。 ....
6. ゆうめい です。 ....
7. べんり でした。 ....
8. きれい だ。 ....
9. いい です。 ....

Les notions d'« aimer », « détester » s'expriment en japonais par des adjectifs invariables :

すき *aimé*, だいすき *très aimé, adoré*, きらい *pas aimé*, だいきらい *détesté*.

Le nom qui désigne l'objet sur lequel porte ce sentiment est relié à cet adjectif par la particule が. Si la personne qui est le siège de ce sentiment est désignée, c'est par l'intermédiaire de la particule は.

Ex. : やまさきさん　は　ぶんがく　が　だいすき　です。
Mme Yamasaki adore la littérature (littéralement : « En ce qui concerne Mme Yamasaki, la littérature est adorée »).

Banque de mots

スキー	ski
りょこう	voyage
りょうり	la cuisine

7 **Pour chaque personnage, faites les phrases exprimant ses préférences.**

M. Ogawa

aime	le tennis
déteste	les chats
n'aime pas	le ski

Mme Yamada

aime	le cinéma
déteste	la cuisine
adore	les voyages

1. ....

2. ....

3. ....

4. ....

5. ....

6. ....

D'autres adjectifs usuels ont la même construction.

- ほしい, qui permet d'exprimer le désir, mais exclusivement de celui qui parle, donc correspondant seulement à *je voudrais, j'aimerais avoir.*

Ex. : にほん　の　くるま　が　ほしい。
Je voudrais / j'aimerais avoir une voiture japonaise.

ほしい est un adjectif en **-i**, donc soumis à variations.

- じょうず *adroit, fort,* へた *maladroit, nul.*
  Tous les deux sont des adjectifs invariables.

Ex. : おがわさん　は　えいご　が　じょうず　です。*Ogawa est fort en anglais.*

8 **Composez les phrases correspondant à chaque bulle en utilisant les adjectifs じょうず et へた.**

Banque de mots

すうがく	les maths

1. ....

2. ....

3. ....

4. ....

5. ....

Félicitations !

Vous êtes venu à bout du chapitre 10 ! Il est maintenant temps de comptabiliser les icônes et de reporter le résultat en page 128 pour l'évaluation finale.

11

Verbes intransitifs/transitifs
Forme en -て いる

Un grand nombre de verbes du japonais existent par paires intransitif / transitif. La différence de sens est marquée par une très petite différence de son. Par exemple, une alternance R intransitif / S transitif, avec parfois un changement de la voyelle qui précède.

Ex. : おちる *tomber* / おとす *faire tomber.*

Banque de mots

なおる	être réparé, guéri	なおす	réparer, guérir (un malade)
でる	sortir, quitter un lieu	だす	sortir (de sa poche...)
おきる	se lever	おこす	relever, réveiller
のこる	rester	のこす	laisser

1 Sans regarder la banque de mots, reliez par un trait le verbe français et le verbe japonais correspondant. Corrigez à l'aide de la banque de mots.

sortir d'un lieu •	• なおる
réveiller •	• なおす
rester •	• でる
faire tomber •	• だす
réparer •	• おきる
être guéri •	• おこす
laisser •	• のこる
sortir (de sa poche...) •	• のこす
tomber •	• おちる
se lever •	• おとす

Autre alternance : U intransitif / ERU transitif.
Ex. : ならぶ *s'aligner* / ならべる *aligner*.

2 À partir du verbe intransitif, fabriquez le verbe transitif et proposez une traduction.

1. あく être ouvert ....
2. ととのう être bien en ordre ....
3. つづく se poursuivre, se prolonger ....

Troisième cas : alternance A intransitif / E transitif.
Ex. : しずまる *se calmer* / しずめる *calmer*.

Dans tous les cas, non seulement il y a un changement de son, mais bien sûr la construction diffère. Pour les verbes transitifs, il y a un complément d'objet, donc suivi de la particule を.

Pour les verbes intransitifs, l'objet ou la personne concerné(e) sera indiqué(e) par la particule が.

Banque de mots

はじまる	quelque chose commence
とまる	s'arrêter
きまる	faire l'objet (d'une décision)
じゅぎょう	cours
はじめる	commencer (quelque chose)
とめる	arrêter
きめる	décider
けっこん	mariage

3 Traduisez les phrases suivantes.

1. On arrête la voiture. ....
2. La voiture s'arrête. ....
3. Le mariage a été décidé. ....
4. Le cours a commencé. ....
5. J'ai décidé [pour] mon voyage de la semaine prochaine. ....
....
6. On a commencé les cours. ....

Le japonais utilise pour toutes sortes d'usages une forme verbale dite « forme en -て ».

On ne peut pas vraiment en donner une traduction, car soit elle entre dans la composition d'une formule verbale plus large, soit elle joue un rôle syntaxique.

Elle se construit exactement comme la forme passée (voir chapitre 6, exercices 5 et 6).

Rappel

Pour les verbes de type 1, て s'ajoute au radical. Ex. : みる ➜ みて.

Pour le verbe irrégulier する, la forme est して.

Pour les verbes de type 2 :

– verbes en **-su** ➜ して	Ex. : はなす ➜ はなして
– verbes en **-ku** ➜ いて	Ex. : まねく ➜ まねいて
– verbes en **-gu** ➜ いで	Ex. : いそぐ ➜ いそいで
– verbes en **-mu**, **-nu**, **-bu** ➜ んで	Ex. : よぶ ➜ よんで
– verbes en **-u**, **-tsu**, **-ru** ➜ って	Ex. : ある ➜ あって

Attention au verbe いく qui est irrégulier pour cette forme, comme pour sa forme passée : いく ➜ いって.

4 **Donnez la forme en -て des verbes de ce tableau.**

1. とる		9. およぐ	
2. よむ		10. おもう	
3. だす		11. はじめる	
4. しぬ		12. いく	
5. もつ		13. かく	
6. あける		14. ならぶ	
7. する		15. あく	
8. なおす			

5 Trouvez les verbes desquels viennent ces formes en -て.

1. おりて		9. おもって	
2. かいて		10. いって	
3. もって		11. して	
4. やすんで		12. あそんで	
5. つづけて		13. さいて	
6. なおして		14. みせて	
7. ととのって		15. とって	
8. かいで			

Cette forme en -て combinée avec le verbe いる permet de construire une locution verbale qui exprime la durée.

Premier cas, durée limitée : une action est en train de se faire.

Ex. : こども　は　いま　にわ　で　あそんで　います。
En ce moment, les enfants jouent [sont en train de jouer] *dans le jardin.*

Banque de mots

いま	maintenant, en ce moment

6 En regardant les dessins, répondez à la question : いま　なに　を　して　います　か。

1. ....

2. ....

3. ....

4. ....

Deuxième cas, longue durée : il s'agit d'une situation habituelle, ou d'une action qui se répète régulièrement.

Ex. : はしもとさん　は　おおさか　に　すんで　います。
M. Hashimoto habite à Ôsaka.

Banque de mots

すむ	habiter
まいにち	tous les jours
はたらく	travailler, être employé
まいばん	tous les soirs

7 Traduisez en japonais la suite de l'histoire de M. Hashimoto.

1. Il travaille dans une banque. 2. Il étudie l'anglais. 3. Tous les matins il fait son jogging dans le jardin public. 4. Tous les soirs il regarde la télé avec son fils. 5. Tous les jours il envoie [écrit] un mail à sa grand-mère de Fukuoka.

1. ....
2. ....
3. ....
4. ....
5. ....

Troisième cas : avec des verbes qui expriment une action ne pouvant pas durer, la locution en -て　いる exprime le résultat obtenu, qui, lui, va durer.

Ex. : のる *monter dans un véhicule* ➜ のって　いる *être dans le véhicule.*

とまる *s'arrêter* ➜ とまって　いる *être arrêté.*

Banque de mots

めがね	lunettes
Tシャツ	T-shirt
ジーンズ	jean
(めがね　を) かける	mettre (des lunettes)
きる	enfiler (un vêtement)
はく	enfiler par les pieds (pantalon, chaussures…)

8 **Décrivez ce personnage.**

1. ....

2. ....

3. ....

Décrivez cette petite scène.

4. ....

Banque de mots

かいしゃ	société, entreprise
レジ	caisse

9 **Traduisez en japonais les phrases suivantes.**

1. J'attends un ami à la gare.

2. Sachiko porte de jolies chaussures.

3. Le frère aîné de Mme Tanaka travaille dans une société française.

4. Ils habitent à Tôkyô depuis l'an dernier.

Félicitations !

Vous êtes venu à bout du chapitre 11 ! Il est maintenant temps de comptabiliser les icônes et de reporter le résultat en page 128 pour l'évaluation finale.

12

Le système numéral (1)

Le japonais possède deux systèmes numéraux : un complet, emprunté au chinois, et un autre, d'origine, très incomplet.

Commençons par le système complet.

Certains chiffres ont deux prononciations. Est présentée entre parenthèses la prononciation plus rare, limitée à certains cas.

À partir de cet exercice, vous allez trouver par-ci, par-là quelques kanji, à commencer par les chiffres. Ce qu'il faut savoir :

- un kanji correspond en général à plusieurs prononciations différentes, ne soyez pas étonné ;
- un mot habituellement écrit en kanji peut aussi l'être en hiragana. Ce n'est pas une faute. C'est simplement ce qui se passe quand on commence à écrire, comme c'est le cas pour les enfants à l'école… ou les étrangers débutants !

1	一	いち
2	二	に
3	三	さん

4	四	よん（し）
5	五	ご
6	六	ろく

7	七	なな（しち）
8	八	はち
9	九	きゅう（く）

1 Après avoir étudié les tableaux et sans les regarder, remettez les chiffres dans le bon ordre, puis corrigez à l'aide des tableaux de cette page.

二　八　三　五　七　六　四　九　十　一

....

Passons aux unités à plusieurs chiffres et donc aux nombres plus complexes.

10	十	じゅう
100	百	ひゃく
1 000	千	せん

Premier principe, simple : le chiffre placé devant une unité la multiplie.

Ex. : 10 十 ➜ 20 二十 30 三十 etc.
100 百 ➜ 200 二百 500 五百 etc.

Mais il y a de petites complications pour certaines combinaisons à cause de changements phonétiques.

Pour 十, pas de problème.

Pour 百 : 300 三百 se prononce **sanbyaku**, 600 六百 se prononce **roppyaku** et 800 八百 **happyaku**.

Pour 千 : 3 000 三千 se prononce **sanzen** et 8 000 八千 **hassen**.

2 Écrivez en hiragana la prononciation de ces nombres.

1. 4 000 ……………………
2. 90 ……………………
3. 200 ……………………
4. 1 000 ……………………
5. 800 ……………………
6. 100 ……………………
7. 3 000 ……………………
8. 60 ……………………

Deuxième principe : quand le chiffre vient après l'unité 10, 100 ou 1 000, il s'y additionne.

Ex. : 10 十 ➜ 15 十五 207 二百七 1 006 千六

3 Ajoutez 5 aux nombres suivants et écrivez le résultat en kanji.

1. 60 ……………………
2. 100 ……………………
3. 7 000 ……………………
4. 80 ……………………
5. 2 000 ……………………

4 Écrivez en hiragana la prononciation de ces nombres.

1. 58 ……………………
2. 67 ……………………
3. 136 ……………………
4. 444 ……………………
5. 5 171 ……………………
6. 9 912 ……………………

Il existe une unité à 4 zéros : 1 0000, le 万　まん.

Attention, ici, il faut dire le 1 : 1 0000 se prononce **ichiman**.

Les mêmes principes s'appliquent toujours : ce qui multiplie vient devant l'unité, ce qui s'ajoute vient après.

Ex. : 5 0000 ➜ 五万 *cinq man*, mais pour nous : *cinquante mille* (50 000).

Une prononciation particulière pour *mille man* (1 000 0000, pour nous *10 millions*) : **issenman**.

5 Transformez le nombre en utilisant l'unité man, puis écrivez-le en kanji.

1. 20 000 ………… ……………………………
2. 500 000 ………… ……………………………
3. 7 000 000 ………… ……………………………
4. 90 000 000 ………… ……………………………

6 Écrivez les nombres en kanji.

1. 620 000 ……………………………
2. 625 000 ……………………………
3. 625 500 ……………………………
4. 625 550 ……………………………
5. 625 555 ……………………………

Les opérations se désignent au moyen de verbes. Dans le cas des calculs, on utilise les chiffres arabes, mais évidemment la prononciation reste japonaise !

Banque de mots

たす	additionner > plus
わる	diviser > divisé par
ひく	soustraire > moins
かける	multiplier > multiplié par

L'opération s'énonce sous la forme suivante :
chiffre-verbe-chiffre-は - total-です/に　なります。

Ex. : 40　ひく 8　は　32　です/に　なります。
40 moins [on soustrait] *8 égale* [c'est/devient] *32.*

7 **Faites les calculs et décrivez toute l'opération en japonais, en utilisant です.**

1. 45 ÷ 9 = ...
2. 138 + 42 = ...
3. 8 200 × 3 = ...
4. 123 000 – 8 000 = ...
5. 220 ÷ 2 = ...
6. 999 + 1 = ...

Tout ce qui spécifie le nombre se met après lui, par exemple l'unité monétaire.
Ex. : *500 euros* ➔ 五百ユーロ

Banque de mots

えん	yen
ユーロ	euro
ドル	dollar

8 **Écrivez en japonais (en kanji) le prix de chaque objet, marqué sur l'étiquette.**

1. ....
2. ....
3. ....

4. ....
5. ....
6. ....

Pour les objets, quand on donne une indication chiffrée, le japonais utilise ce qu'on appelle un « classificateur », qui précise la catégorie de l'objet. La banque de mots ci-contre en présente quelques-uns parmi les plus utilisés.

Banque de mots

まい	pour les objets minces et plats, comme une feuille de papier
ほん	pour les objets longs et cylindriques, comme un crayon
こ	pour les objets cubiques ou ronds, comme une boîte, une pomme
さつ	pour les objets de type livre

Attention, quelques petits problèmes de combinaison phonétique :

- pour ほん : avec 一 : いっぽん ; 六 : ろっぽん ; 八 : はっぽん ; 十 : じゅっぽん et 三 : さんぼん
- pour こ : avec 一 : いっこ ; 六 : ろっこ ; 八 : はっこ ; 十 : じゅっこ
- pour さつ : avec 一 : いっさつ ; 八 : はっさつ ; 十 : じゅっさつ

9 **Indiquez pour chaque objet le nombre avec le classificateur qui correspond.**

1.

2.

3.

4.

Félicitations !

Vous êtes venu à bout du chapitre 12 ! Il est maintenant temps de comptabiliser les icônes et de reporter le résultat en page 128 pour l'évaluation finale.

13

Le système numéral (2)

Le système japonais comprend seulement 10 chiffres, de 1 à 10, plus quelques cas à unité 20. Ces chiffres servent dans la vie courante pour compter de petites quantités d'objets (moins de 10 !), pour des formes ne donnant pas lieu à l'emploi d'un classificateur et parfois même s'il faudrait utiliser un classificateur.

À remarquer : on utilise le même kanji que pour les chiffres du système chinois, mais il représente alors une autre prononciation et doit être complété (sauf 10) par le suffixe つ.

1	一つ	ひとつ	6	六つ	むっつ
2	二つ	ふたつ	7	七つ	ななつ
3	三つ	みっつ	8	八つ	やっつ
4	四つ	よっつ	9	九つ	ここのつ
5	五つ	いつつ	10	十	とお

1 **Après avoir étudié le tableau, réunissez le chiffre et sa prononciation dans le système japonais, puis corrigez à l'aide du tableau.**

1 •	• ななつ
2 •	• ここのつ
3 •	• ひとつ
4 •	• ふたつ
5 •	• むっつ
6 •	• やっつ
7 •	• とお
8 •	• いつつ
9 •	• よっつ
10 •	• みっつ

Pour compter les personnes, on mélange les deux systèmes.

- Mots du système japonais pour 1 personne ひとり ou 2 personnes ふたり.
- Mots du système chinois à partir de 3 personnes : le chiffre suivi de にん qui signifie « personne, être humain ».

Ex. : *5 personnes* 五にん *100 personnes* 百にん

Attention : *4 personnes* 四にん se dit **yo nin**.

2 Indiquez sous chaque dessin le nombre de personnes représentées.

1. ....

2. ....

3. ....

4. ....

5. ....

Quand on utilise une expression chiffrée dans une phrase où les objets comptés sont exprimés par un mot suivi de が ou de を, cette expression chiffrée se place devant le verbe.

Ex. : わたし　の　にわ　に　は　き　が　ろっぽん　あります。
Dans mon jardin il y a 6 arbres. (Littéralement : « des arbres il y en a 6 ».)

3 Reconstituez chaque phrase et traduisez-la.

1. えんぴつ / あります。 / が / つくえ / うえ / 三ぼん / の / に
2. ください。 / ピザ / を / 二まい
3. パンや / で / クロワッサン / かいました。 / 六つ / を
4. みせ / が / まえ / に / ひと / ふたり / の / います。
5. の / ばん / きのう / よみました。 / 四さつ / を / まんが

1. ....

....

2. ....

....

3. ....

....

4. ....

....

5. ....

....

Deux possibilités (parmi d'autres) pour poser une question afin d'obtenir une réponse chiffrée.

- Objets : いくつ *combien (d'objets) ?*
- Personnes : なんにん *combien (de personnes) ?*

Ces deux mots se placent comme l'expression chiffrée, juste avant le verbe quand les noms désignant les objets à compter sont exprimés par un mot suivi de が ou de を.

Ex. : Réponse : りんご　を　一つ　たべました。
　　Question : りんご　を　いくつ　たべました　か。

4 Composez la question correspondant à chaque réponse.

1. ....
バスてい　に　ひと　が　八にん　まって　います。

2. ....
にもつ　を　四つ　おくりました。

3. ....
えいがかん　の　まえ　に　ひと　が　五十にん　ならんで　います。

Lorsque le mot qui exprime les objets ou les personnes compté(e)s est suivi des particules に, で, から, と ou の, l'expression chiffrée est placée devant lui et reliée à lui par la particule の.
Ex. : 三にん　の　こども　と　こうえん　で　あそんで　います。
Elle joue dans le jardin public avec les trois enfants.

Le verbe « venir » くる est un peu irrégulier. Il ne correspond ni au type 1 ni au type 2. À part cette forme くる de familiarité, les autres formes se construisent sur き- : きます (きません, きました), きた, きて. Et surtout la forme négative familière est こない.

Banque de mots

えいがかん	salle de cinéma
おりがみ	origami, papier plié
つくる	fabriquer
かみ	papier

5 Traduisez en français.

1. こんばん　ふたり　の　ともだち　に　あいます。
.... j'ai rendez-vous avec ....

2. この　おりがみ　の　ぞう　は　さんまい　の　かみ　で　つくった。
....

Traduisez en japonais.

3. Les étudiants <u>viennent</u> de deux pays.
....

4. Ma maison se trouve entre deux grands bâtiments.
....

Pour coordonner plusieurs mots, on emploie la particule と. L'ensemble ainsi formé fonctionne comme un mot simple et doit être suivi de la particule adéquate.

Ex. : ばんごはん に ハム と チーズ と パン を かった。
Pour le dîner de ce soir j'ai acheté du jambon, du fromage et du pain.

Banque de mots

ふで	pinceau	けしゴム	gomme (à effacer)
チューリップ	tulipe	ケーキ	gâteau
ビール	bière		

6 **Exprimez dans une phrase en japonais le résultat des courses que chaque personnage a faites. Utilisez la forme familière.**

1. ....

2. ....

3. ....

4. ....

Si, dans une énumération, chaque objet est chiffré, la particule est répétée après chaque mot désignant un des objets et l'expression chiffrée vient juste après. Ainsi la dernière expression chiffrée se trouvera, selon la règle, juste devant le verbe.

Ex. : うちむらさん　は　けしゴム　を　三こ　と　えんぴつ　を　四ほん　かった。*Mme Uchimura a acheté 3 gommes et 4 crayons.*

7 Remplissez les espaces laissés vides.

1. M. Katô a acheté 1 bouteille de whisky et 6 bouteilles de bière.
かとうさん　は　ウイスキー .... ビール
.... かった。

2. Michiko a acheté 6 livres et 2 pulls.
みちこさん　は .... と　セーター
.... 。

3. M. Tanaka a acheté pour les enfants 20 stylos à bille, 10 gommes et 15 pinceaux.
....
.... かった。

Félicitations !

Vous êtes venu à bout du chapitre 13 ! Il est maintenant temps de comptabiliser les icônes et de reporter le résultat en page 128 pour l'évaluation finale.

14

Les mots de temps chiffrés

Pour dire l'heure, on fait suivre un chiffre du mot 時 (じ) qui désigne seulement l'heure qu'on lit sur une montre et en aucun cas une durée de 1 heure.

Cas particuliers : *4 heures* 四時 se prononce よじ ; *7 heures* 七時 se prononce ななじ ou しちじ ; *9 heures* 九時 se prononce くじ. *Midi* se dit 十二時 (littéralement : « 12 heures »).

Ex. : 十一時　です。 *Il est 11 heures.*

Dans la vie courante, on n'emploie pas d'expressions telles que 13 heures ou 20 heures. On commence l'après-midi à 1 heure...

1 Écrivez en hiragana l'heure indiquée par ces horloges, selon le modèle : « Il est ... heures. »

Matin

Matin

Après-midi

Soir

1. .... 2. .... 3. .... 4. ....

Dans certains cas, par exemple pour les horaires des moyens de transport, on peut utiliser les chiffres à partir de 13 : *13 heures*, etc. 十三時　(じゅうさんじ).

Une *minute* s'écrit 分, mais selon le chiffre qui précède, le même caractère se prononce ふん (pour 2, 4, 5, 7, 9) ou ぷん (pour 1, 3, 6, 8, 10). De plus, dans le cas de ぷん, il y a le même changement phonétique que pour ほん (voir chapitre 12, exercice 7) : 一分 : いっぷん ; 六分 : ろっぷん ; 八分 : はっぷん ; 十分 : じゅっぷん ou じっぷん.

Dans tous les cas, on doit exprimer le mot 分 *minute*.

Ex. : *[un train part à] 15 h 26*
十五時　二十六分　(じゅうごじ　にじゅうろっぷん)

2 Écrivez en hiragana l'heure à laquelle part chaque train.

1	Fukuoka	7 h 41
2	Kanazawa	11 h 24
3	Sendai	14 h 58
4	Matsumoto	21 h 13

1. ……………………………………
2. ……………………………………
3. ……………………………………
4. ……………………………………

Le japonais dispose d'un mot pour dire « et demie » : はん, mais pas pour « et quart » ou « moins le quart ». Pour « et quart », on dit « 15 minutes » 十五分 ; pour « moins le quart », on dit « 15 minutes avant » 十五分　まえ.

3 Le train de la ligne JR part de Shinjuku à 10 h 15 (1). Il arrive à Yotsuya à 10 h 30 (2) et à Ochanomizu à 10 h 45 (3). Écrivez en japonais (hiragana) les heures auxquelles le train passe dans les gares indiquées.

③ 十五分まえ

十五分 ①

② はん

1. ……………………………………
……………………………………
2. ……………………………………
……………………………………
3. ……………………………………
……………………………………

Quand on insère une indication d'heure dans une phrase, c'est par l'intermédiaire de la particule に.

Ex. : まいあさ　七時　はん　に　おきます。

Je me lève tous les matins à 7 heures et demie.

4 Traduisez en japonais la journée de M. Uchida.

Il se lève à 6 h 30. Il prend [mange] son petit-déjeuner à 7 heures. Il sort à 8 heures moins le quart. Il prend [monte dans] le train de 8 h 27. Il arrive à sa société à 9 heures et quart. L'après-midi il va à Kamakura par le train de 14 h 06. Il revient par le train de 16 h 50. Il rentre chez lui à 8 heures moins le quart.

Banque de mots

おきる	se lever
でんしゃ	train
つく	arriver
ごご	après-midi
もどる	revenir sur ses pas

Les particules から et まで (voir chapitre 3, exercice 3) servent aussi à marquer respectivement un point de départ et un point d'arrivée dans le temps.

Ex. : 五時 から 七時 まで にほんご の レッスン が あります。

De 5 heures à 7 heures, je prends [il y a] mon cours de japonais.

Banque de mots

そうじ	ménage
レッスン	cours particulier

5 En regardant l'agenda de Mme Ikeda, dites ce qu'elle fait dans les plages horaires indiquées.

1. ....

2. ....

3. ....

4. ....

Pour questionner de façon précise sur le temps, on a souvent recours au mot 何（なん）qui, tout seul, signifie « quoi », mais, combiné à un autre mot, signifie « quel(s), quelle(s) ».

Pour l'heure : *quelle heure* 何時（なんじ）.

Tous les jours de la semaine se terminent par -ようび.
Pour interroger sur le jour de la semaine : 何ようび.

Ex. : 何時 に いきます か。 *À quelle heure y vas-tu ?*
何ようび から とうきょう に います か。
Vous êtes à Tôkyô à partir de quel jour [de la semaine] ?

6 Posez les questions correspondant aux réponses.

Banque de mots

コンサート	concert

1. 五時 です。

....

2. どうようび です。

....

3. 二十時 に はじまります。
コンサート は ....

4. 十時 から 十二時 まで そうじ を します。(2 réponses)

....

5. すいようび に つきます。
とうきょう に は ....

6. きんようび まで りょこう を する。(2 réponses)

....

Les noms de mois sont faits avec le mot 月（がつ）, qui signifie « mois », précédé d'un chiffre, de 1 à 12. Attention, pour les mois d'avril (4), de juillet (7) et de septembre (9), il n'y a pas le choix pour la prononciation du chiffre.

Banque de mots

一月	いちがつ	janvier	七月	しちがつ	juillet
二月	にがつ	février	八月	はちがつ	août
三月	さんがつ	mars	九月	くがつ	septembre
四月	しがつ	avril	十月	じゅうがつ	octobre
五月	ごがつ	mai	十一月	じゅういちがつ	novembre
六月	ろくがつ	juin	十二月	じゅうにがつ	décembre

7 **Reliez par un trait le nom du mois en français et son équivalent japonais, puis corrigez à l'aide du tableau.**

Janvier •	• 四月
Octobre •	• 五月
Juin •	• 一月
Septembre •	• 十二月
Février •	• 七月
Août •	• 二月
Mars •	• 十一月
Décembre •	• 三月
Juillet •	• 八月
Avril •	• 六月
Novembre •	• 九月
Mai •	• 十月

Banque de mots

春	はる	printemps
夏	なつ	été
秋	あき	automne
冬	ふゆ	hiver

8 **Complétez les phrases.**

1. 三月　から …………… まで　は …………… です。
2. ………………… 九月　まで　は …………… です。
3. …………… から ……………………… は …………… です。
4. 冬　は？ ……………………………………………………………

Pour désigner le quantième du mois, on utilise selon les jours les chiffres chinois ou japonais.

- Un mot spécial japonais pour 1.
- De 2 à 10 et ce qui se termine par 4 et 20 : le chiffre japonais suivi du suffixe -か.
- De 11 à 31 (sauf 14, 24 et 20 !) : le chiffre chinois suivi du mot 日（にち）(*jour*).

Attention à 17 et 19 : prononciation spéciale du chiffre.

Pour indiquer la date, on dit d'abord le nom du mois, puis le quantième.
L'usage est d'écrire les dates en chiffres arabes.

Ex. : 29 décembre ➜ décembre 29 ➜ 12月29日
（じゅうにがつ　にじゅうくにち）.

Remarquez que, quelle que soit la prononciation, l'écriture est la même : le chiffre suivi du kanji 日… c'est là le piège !

Banque de mots

1日	ついたち
2日	ふつか
3日	みっか
4日	**よっか**
5日	いつか
6日	むいか
7日	なのか
8日	ようか
9日	ここのか
10日	とおか
11日	じゅういちにち
12日	じゅうににち
13日	じゅうさんにち
14日	**じゅうよっか**
15日	じゅうごにち
16日	じゅうろくにち

17日	じゅう**しち**にち
18日	じゅうはちにち
19日	じゅう**く**にち
20日	**はつか**
21日	にじゅういちにち
22日	にじゅうににち
23日	にじゅうさんにち
24日	**にじゅうよっか**
25日	にじゅうごにち
26日	にじゅうろくにち
27日	にじゅう**しち**にち
28日	にじゅうはちにち
29日	にじゅう**く**にち
30日	さんじゅうにち
31日	さんじゅういちにち

9 **Écrivez ces dates en kanji et chiffres arabes, puis en hiragana.**

1. 29 août ……………… ………………………………………………
2. 15 avril ……………… ………………………………………………
3. 20 février ……………… ………………………………………………
4. 1er novembre ……………… ………………………………………………
5. 8 mai ……………… ………………………………………………
6. 3 juillet ……………… ………………………………………………

Quand on énonce une année, le chiffre doit toujours être suivi du mot 年（ねん）(*année, an*).

L'usage est d'écrire les années en chiffres arabes.

Ex. : 1954 ➜ 1954年 （せんきゅうひゃくごじゅうよんねん）

Pour une date complète, on dira d'abord l'année, puis le mois, puis le quantième.

Ex. : 12 avril 2010 ➜ 2010 avril 12 ➜ 2010年4月12日
（にせんじゅうねん　しがつ　じゅうににち）

10 **Lisez ces dates en japonais et traduisez-les en français.**

1. 2014年5月27日 ………………………………………………
2. 1789年7月14日 ………………………………………………
3. 1926年10月6日 ………………………………………………
4. 1492年1月2日 ………………………………………………

On a recours encore à 何（なん）pour interroger sur les années, les mois et les quantièmes : *quelle année ?* 何年（なんねん）, *quel mois ?* 何月（なんがつ）, *quel jour du mois ?* 何日（なんにち）.

Banque de mots

うまれる	naître

11 Traduisez en japonais.

1. À partir de quel mois travaillez-vous au Japon ?

....

2. Tu pars [sors] en voyage à quelle date en avril [littéralement : « le combien d'avril »] ?

....

3. Vous êtes né en quelle année ?

....

Occupons-nous un peu de l'expression de la durée.
Pour les minutes, c'est le même mot 分（ふん/ぷん）. Et pour interroger sur la durée en minutes : 何分, qui se prononce なんぷん (*combien de minutes ?*).
Le verbe pour exprimer la durée est かかる, littéralement « ça prend... » ; l'indication de durée se place juste devant, sans aucune particule.

Ex. : 二十五分　かかります。
Ça prend 25 minutes.

Banque de mots

かかる	prendre (temps)
がっこう	école

12 Répondez aux questions.

1. うち　から　パンや　まで　何分　かかります　か。

....

2. パンや　から　ぎんこう　まで　何分　かかります　か。

....

3. ぎんこう　から　がっこう　まで　何分　かかります　か。

....

Pour d'autres unités de temps, la durée s'exprime en ajoutant le mot 間（かん）, qui signifie « intervalle, espace ».

Ex. : 時（じ）*heure* [sur l'horloge] ➜ 時間（じかん）*heure* [durée = 60 minutes].

Pour interroger, on remplace l'unité par ...何（なん）.

Banque de mots

時間（じかん）	heure (durée)
しゅう間（しゅうかん）	semaine
年間（ねんかん） ou 年（ねん）	année (durée)
にゅういん　する	être hospitalisé (littéralement : « faire une entrée à l'hôpital »)

13 Traduisez la question en français et répondez-y en utilisant le chiffre indiqué.

1. 何年間　にほんご　を　べんきょう　しました　か。 1

....

....

2. 何しゅう間　にゅういん　して　いました　か。 3

....

....

3. とうきょう　から　おおさか　まで　でんしゃ　で　何時間　かかります　か。 2h30

....

....

Il nous reste le mois. Une durée de 1 mois s'exprime en prenant le chiffre suivi de か et du mot げつ, qui est la façon de dire « mois » dans le cas de la durée.

Attention, il y a encore quelques problèmes phonétiques pour 1, 6 et 10 : *1 mois* 一か月（いっかげつ）, *6 mois* 六か月（ろっかげつ）, *10 mois* 十か月（じゅっかげつ）. Pour *8 mois,* 八か月, deux possibilités : はちかげつ ou はっかげつ.

がつ et げつ s'écrivent tous les deux 月 en kanji.

Trace de l'histoire de l'écriture, le か peut se noter aussi avec le katakana ケ écrit en plus petit que les autres caractères. Ex. : *durée de 5 mois* 五ヶ月.

14 Associez le mot japonais et le français qui correspond.

Décembre　10 mois　3 mois　Juin　Octobre　4 mois　Janvier　6 mois

ろっかげつ　ろくがつ　いちがつ　じゅうかげつ

じゅうにがつ　じゅうがつ　よんかげつ　さんかげつ

Devinez comment on pose la question pour obtenir une durée en mois.

....

Félicitations !

Vous êtes venu à bout du chapitre 14 ! Il est maintenant temps de comptabiliser les icônes et de reporter le résultat en page 128 pour l'évaluation finale.

15

Les mots interrogatifs

En plus de 何(なん/なに), qui sert dans de nombreux cas, il existe d'autres mots interrogatifs. Tous ces mots fonctionnent comme des noms et sont donc suivis des particules adéquates.

Banque de mots

だれ	qui ?
どこ	où ?
どれ	lequel (à propos d'objets) ?
いつ	quand ?
たんじょうび	anniversaire
がか	peintre
いちばん	le plus

1 Insérez le mot interrogatif qui convient ainsi que, si elle n'est pas déjà présente, la particule adéquate, puis traduisez.

1. .... と　はなして　いた？

....

2. まいあさ .... で　がっこう　に　いきます　か。

....

3. たなかさん　の　かばん　は .... です　か。

....

4. たんじょうび　に .... ほしい　です　か。

....

5. この　はちみつ　は .... かいました　か。

....

6. この　がか　の　え　の　なか　で .... いちばん　すき　です　か。

....

7. .... から .... まで　さっぽろ　に　すんで　いました　か。

....

Et pour finir, deux adjectifs interrogatifs. Ils se placent directement devant un nom. どの interroge sur l'identité, どんな interroge sur la qualité.

Ex. : どの　のみもの　が　いちばん　すき　です　か。
– ビール　です。
Quelle est votre boisson préférée ? – La bière.

どんな　のみもの　が　すき　です　か。
– あまい　のみもの　が　すき　です。
Quel genre de boissons vous aimez ? – J'aime les boissons sucrées.

Banque de mots

いろ	couleur
けっこん　する	se marier
あか	le rouge

2 En vous aidant des réponses, insérez どの ou どんな au lieu des pointillés.

1. .... いろ　が　すき　です　か。あか　が　すき　です。
2. .... カメラ　が　ほしい　です　か。ちいさくて　かるい　カメラ　が　ほしい　です。
3. .... ひと　と　けっこん　しました　か。しんせつ　で　おもしろい　ひと　と　けっこん　しました。
4. .... セーター　を　えらんだ？　この　あかい　セーター　を　えらんだ。

Banque de mots

グラム	gramme	ミリ	millimètre
キロ	kilogramme	センチ	centimètre
リットル	litre	メートル	mètre
ど	degré (température)	キロ	kilomètre

Les unités de mesure ne nous dépaysent pas, à part pour la température.

3 Mettez sous chaque objet l'unité ou les unités de mesure qui correspondent.

1.	2.	3.	4.	5.	6.

Devinez quel mot on va employer pour interroger sur des mesures. ....

4 Joignez par un trait la réponse et le mot interrogatif qui l'a amenée.

80 kg **1** •		• **a** 何メートル
28° **2** •		• **b** 何ミリ
2 l **3** •		• **c** 何キロ
50 mm **4** •		• **d** 何ど
100 g **5** •		• **e** 何センチ
75 cm **6** •		• **f** 何グラム
400 m **7** •		• **g** 何キロ
1 230 km **8** •		• **h** 何リットル

C'est encore et toujours 何 pour interroger sur un nombre d'objets demandant un classificateur.

Ex. : 何さつ
combien ?
(à propos de livres).

5 Mettez sous chaque groupe d'objets le mot adéquat pour interroger sur leur nombre.

1. .... 2. .... 3. .... 4. ....

Félicitations !

Vous êtes venu à bout du chapitre 15 ! Il est maintenant temps de comptabiliser les icônes et de reporter le résultat en page 128 pour l'évaluation finale.

16

Les mots indéfinis en か et en でも Un peu plus sur も

À partir des mots interrogatifs, on fabrique des mots indéfinis juste en ajoutant les suffixes -か ou -でも.

Mot interrogatif		+ か		+ でも	
なに/なん	quoi ?	なにか	quelque chose	なんでも	n'importe quoi, tout
どこ	où ?	どこか	quelque part	どこでも	n'importe où, partout
だれ	qui ?	だれか	quelqu'un	だれでも	n'importe qui, tout le monde
どれ	lequel, laquelle ?	–	–	どれでも	n'importe lequel, laquelle
いつ	quand ?	いつか	un de ces jours	いつでも	n'importe quand, à tout moment

1 Étudiez le tableau puis, sans le regarder, tracez un trait entre le mot japonais et le mot français correspondant.

なにか 1 •	• a n'importe quand
だれでも 2 •	• b quelque part
いつでも 3 •	• c n'importe laquelle
だれか 4 •	• d partout
いつか 5 •	• e n'importe qui
どこでも 6 •	• f un de ces jours
なんでも 7 •	• g quelque chose
どこか 8 •	• h quelqu'un
どれでも 9 •	• i n'importe quoi

Combinés avec -も, certains mots interrogatifs s'emploient exclusivement avec un sens négatif et donc dans une phrase négative.

Ex. : だれも　いない。
Il n'y a personne (littéralement : « Personne ne se trouve. »)

Mot interrogatif	+ も	
なに/なん	なにも	rien
どこ	どこ　に　も	nulle part
だれ	だれも	personne

Tous les indéfinis obtenus par l'ajout de -も et de -でも s'emploient sans l'intermédiaire des particules. En revanche les mots de la série en -か demandent la particule correspondant à leur fonction, sauf なにか.

Banque de mots

なつやすみ	vacances d'été
ひく	jouer d'un instrument
うる	vendre

2 **Insérez dans les phrases suivantes le mot indéfini qui convient, puis traduisez.**

1. .... が　ピアノ　を　ひいて　います。

....

2. .... きません　でした。

....

3. あした　は　うち　に　います。 .... いい　です。

....

4. この　あたらしい　けいたい　は .... うって　いる。

....

5. .... のみません　か。

....

6. よる　に　なった。 .... みえない。

....

3 Traduisez en français.

1. なにも　かいません　でした。

....

2. だれも　いきません。

....

3. なつやすみ　に　は　どこ　に　も　いかなかった。

....

La particule も, qui remplace は, が ou を si la seconde phrase est parallèle à la première, peut aussi s'employer après les autres particules : に　で　から　まで　と.

Ex. : けさ　ぎんこう　に　いった。スーパー　に　も　いった。

Ce matin je suis allé(e) à la banque. Je suis aussi allé(e) au supermarché.

4 Dans la petite histoire qui suit, insérez も là où vous le jugez nécessaire. Certaines parenthèses peuvent rester vides...

1. きょねん　(......)　スペイン　に　(......)　いった。
2. イタリア　に　(......)　いった。
3. イタリア　に　(......)　おとうと　と　(......)　いった。
4. いもうと　と　(......)　いった。
5. ローマ　で　(......)　おみやげ　を　かった。
6. ミラノ　で　(......)　かった。
7. ナポリ　から　(......)　りょうしん　に　(......)　はがき　を　おくった。
8. ベネズイア　から　(......)　おくった。

La particule も a aussi une autre signification. Elle permet d'exprimer l'étonnement devant un fait jugé hors de la moyenne. Dans ce cas, も se place juste après l'élément qui provoque la surprise.

Ex. : おとうと　は　まいにち　かんじ　の　れんしゅう　を　四時間　も　します。

Mon [jeune] frère fait tous les jours 4 heures d'exercices de kanji !

Banque de mots

まいにち	chaque jour, tous les jours
まいしゅう	chaque semaine, toutes les semaines
まいばん	chaque soir, tous les soirs
はしる	courir, rouler (véhicule)
ばんごはん	dîner
れんしゅう	exercices

5 **Traduisez le texte suivant, qui explique la vie de M. Tanaka, grand sportif, en faisant attention à la place où mettre les も.**

1. Tous les dimanches il marche 12 heures.
2. Tous les jours il nage 10 kilomètres.
3. Tous les soirs il court 15 kilomètres.
4. Au petit-déjeuner il mange 6 œufs durs.

1. ....

....

2. ....

....

3. ....

....

4. ....

....

Félicitations !

Vous êtes venu à bout du chapitre 16 ! Il est maintenant temps de comptabiliser les icônes et de reporter le résultat en page 128 pour l'évaluation finale.

17

Verbes à la forme en -て + auxiliaires

La forme en -て des verbes (voir chapitre 11, exercice 4) est utilisée dans de nombreuses combinaisons avec un autre verbe qui joue alors un rôle d'auxiliaire, pour préciser toutes sortes de façons d'envisager une action.

Pour demander à quelqu'un de faire quelque chose : forme en -て + ください.

Ex. : ここ　に　なまえ　を　かく *écrire son nom ici.*
➜ ここ　に　なまえ　を　かいて　ください。
Écrivez votre nom ici, s'il vous plaît.

Banque de mots

なまえ	nom d'une personne
たすける	aider, venir en aide
パスポート	passeport
ぜひ	à tout prix, absolument

1 **Transformez chaque expression en demande et traduisez en français le résultat obtenu.**

1. ここ　で　まつ
2. たすける
3. パスポート　を　みせる
4. ぜひ　あした　くる
5. この　え　を　みる

L'expression -て　みる indique qu'on fait quelque chose à titre d'essai : *essayer de faire, faire pour voir.*

Ex. : たべて　みた。 *J'ai goûté* (littéralement : « J'ai mangé pour voir, j'ai essayé de manger »).

Banque de mots

きもの	kimono
なっとう	haricots fermentés
ふじさん	le mont Fuji
のぼる	monter, grimper

2 **Marie va pour la première fois au Japon ; voici la liste de tout ce qu'elle veut essayer de faire. Complétez les phrases en choisissant le bon verbe et mettez-le à la bonne forme.**

きる　たべる　はいる　のぼる

1. きもの　を .... 。
2. なっとう　を .... 。
3. ふじさん　を .... 。
4. おんせん　に .... 。

Combinée avec le verbe おく qui signifie « poser », la forme en -て permet de dire que l'action est faite pour préparer une autre action. La première action est faite à l'avance pour que la seconde soit possible. Ex. : どうようび　の　コンサート　の　チケット　を　かって　おきました。
J'ai acheté [à l'avance] les billets pour [pouvoir aller au] le concert de samedi.

Banque de mots

チケット	ticket, billet
ちゅうもん　する	passer une commande

3 **Kenji organise une fête pour son anniversaire. Voici la liste de ses préparatifs. Traduisez en japonais tout ce qu'il fait.**

1. Il fait les courses. ....
2. Il achète de la bière. ....
3. Il commande des pizzas. ....
4. Il fait le ménage. ....

Le verbe しまう signifie « ranger, mettre un terme à ». Avec la forme en -て, il exprime l'idée qu'on a fait quelque chose jusqu'au bout, complètement. C'est terminé… une affaire classée !

Banque de mots

わすれる	oublier
まえ	devant, avant
ならう	apprendre

4 Traduisez en japonais.

1. a) J'ai oublié. .... b) J'ai complètement oublié. ....
2. a) Je vais manger. .... b) Je vais tout manger. ....
3. a) J'ai lu. .... b) J'ai lu jusqu'au bout. ....

5 En vous aidant de la traduction française, reconstituez les phrases avec les mots proposés.

Banque de mots

かいぎ	réunion
ぜんぶ	complètement, tout
ぜんしゅう	œuvres complètes

1. Tu n'essaierais pas d'apprendre l'espagnol ?

....

....

2. Téléphonez à Saitô avant la réunion.

....

....

3. J'ai acheté des fleurs pour l'anniversaire de ma mère.

....

....

4. Mon frère aîné a lu les œuvres complètes de Balzac.

....

....

ぜんしゅう の ぜんぶ に
おいた を ならって か
みません でんわ はな
おいて に さいとうさん
を スペインご あに はは
して かいぎ の かって
まえ の は たんじょうび
よんで ください を を
バルザック しまった に

Quand il y a don d'objets entre des personnes, on l'exprime en français par l'emploi de pronoms personnels : *je lui donne, elle m'a donné, ma mère m'a donné*, etc.

Pour exprimer la même chose, le japonais emploie des verbes qui indiquent dans quel sens se fait le don.

- くれる : le don va de quelqu'un à moi.
- あげる : le don va de moi à quelqu'un.

Ex. : けんじくん　が　にほんご　の　ほん　を　くれました。
Kenji m'a donné un livre de japonais.
まさこ　に　まんが　を　あげました。
J'ai donné des mangas à Masako.

6 Complétez les phrases avec くれる ou あげる à la forme adéquate.

1. Ma sœur m'a donné [offert] des fleurs pour mon anniversaire.
たんじょうび　に　いもうと　が　はな　を　..............................。
2. Le professeur m'a donné des crayons et une gomme.
せんせい　が　えんぴつ　と　けしゴム　を　..............................。
3. J'ai offert des jouets aux enfants de mon ami.
ともだち　の　こども　に　おもちゃ　を　..............................。
4. Notre tante nous a donné des chocolats suisses.
おば　は　スイス　の　チョコレート　を　..............................。
5. J'ai donné deux T-shirts à mon petit frère.
おとうと　に　Tシャツ　を　にまい　..............................。

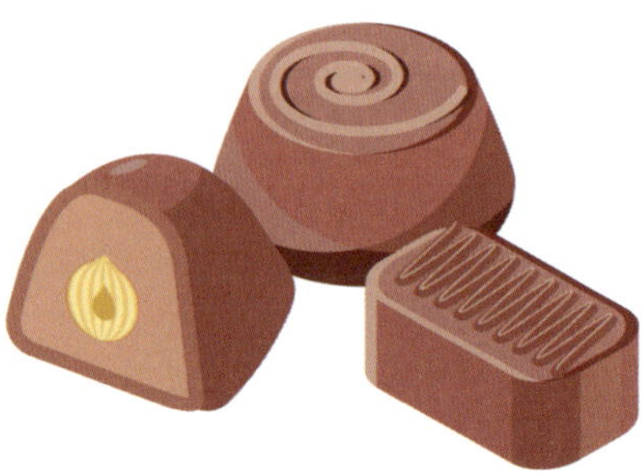

Il y a deux façons d'exprimer un don à celui qui parle. L'acte peut être envisagé du point de vue de celui qui donne (くれる) ou bien de celui qui reçoit (もらう). Mais la construction est différente. Si on emploie くれる, celui qui donne sera désigné par が ou は. Si on emploie もらう, celui qui donne sera désigné par に ou から.

Ex. : けんじくん* が この にほんご の ほん を くれました。 *Kenji m'a donné ce livre de japonais.*

けんじくん に/から この にほんご の ほん を もらいました。 *J'ai reçu de Kenji ce livre de japonais.* [= Kenji m'a donné ce livre de japonais.]

* くん à la place de さん puisque Kenji est un ami.

7 **Décrivez de deux façons chaque acte de don entre les deux personnages. Utilisez les formes de familiarité.**

1. a) ....

   b) ....

2. a) ....

   b) ....

3. a) ....

   b) ....

Banque de mots

CD (**shiidii**)	CD
となり	voisinage, voisin
おばあさん	ma grand-mère, toute vieille femme
かわいい	adorable, mignon
クリスマス	Noël

8 Traduisez en japonais.

1. Je vais offrir des CD à mon grand frère pour son Noël.

....

2. La vieille dame d'à côté nous a donné un adorable chat.

....

3. Pour son anniversaire l'année dernière, j'ai offert une bague à ma femme.

....

4. Mon père m'a donné [j'ai reçu de mon père] un grand sac pratique.

....

Les mêmes verbes くれる et あげる employés comme auxiliaires avec la forme en -て d'un verbe servent à exprimer dans quel sens se fait une action : qui fait quoi pour qui.

- て　くれる : quelqu'un fait quelque chose pour moi.
- て　あげる : je fais quelque chose pour quelqu'un.

Ex. : はは　は　クリスマス　に　くつ　を　かって　くれた。
Pour Noël ma mère m'a acheté des chaussures.

Banque de mots

オムレツ	omelette
つくる	faire, fabriquer

9 Insérez en fin de phrase le bon auxiliaire.

1. J'ai envoyé des cartes postales de Rome à mes amis.

ともだち　に　ローマ　から　はがき　を　おくって …………………。

2. Un ami nous a acheté des tickets pour le concert de samedi.

ともだち　が　どようび　の　コンサート　の　チケット　を　かって　おいて …………………。

3. Tous les matins ma mère me fait une omelette pour mon petit-déjeuner.

まいあさ　はは　は　あさごはん　に　オムレツ　を　つくって …………………。

4. Mon oncle nous a montré ses photos de Chine.

おじ　は　ちゅうごく　の　しゃしん　を　みせて …………………。

Si quelqu'un fait quelque chose pour moi, ce peut être spontanément ; on emploie alors -て　くれる. Mais ce peut être aussi à ma demande, dans ce cas on emploie -て　もらう. Avec encore une différence de construction : …に/から verbe en -て　もらう.

Ex. : ともだち　が　ほん　を　おくって　くれた。
Mon ami m'a envoyé des livres.

ともだち　に/から　ほん　を　おくって　もらった。
Je me suis fait envoyer des livres par mon ami.

Banque de mots

ひっこし	déménagement
てつだう	aider, donner un coup de main
びょういん	hôpital
おくる	accompagner quelqu'un (à la gare…)
せつめい　する	expliquer
つかいかた	mode d'emploi

10 **Regardez tout ce que mon ami Kenji a fait pour moi ! Dites-le en japonais, en utilisant bien le mot Kenji dans chaque phrase et en mettant le verbe à la forme de familiarité.**

1. M'aider à déménager [spontanément].

....

2. M'emmener à l'hôpital [à ma demande].

....

3. Me fabriquer une étagère [à ma demande].

....

4. M'expliquer le mode d'emploi de mon nouveau portable [spontanément].

....

Banque de mots

もつ	prendre à la main, porter		
とても	très	ゆめ	rêve
おもい	être lourd	お-さけ	saké (vin de riz)
しょうらい	avenir	しゅくだい	devoir scolaire

11 **Pour une petite révision, traduisez en japonais. Comme vous êtes bien avancé(e) maintenant, attention, il y a quelques points un peu difficiles. Réfléchissez bien. Rappelez-vous ce que vous avez déjà vu !**

1. Quelqu'un de très gentil m'a porté ma lourde valise.

....

2. J'aide toujours mon petit frère pour ses devoirs [les devoirs de mon petit frère].

....

3. Ma sœur [aînée] m'a raconté ses rêves d'avenir.

....

4. Nous nous sommes fait envoyer du saké par un ami japonais.

....

Félicitations !

Vous êtes venu à bout du chapitre 17 ! Il est maintenant temps de comptabiliser les icônes et de reporter le résultat en page 128 pour l'évaluation finale.

18

La proposition déterminante

Tout nom peut être précisé par un élément : un autre nom suivi de の (voir chapitre 5), un adjectif (voir chapitres 9 et 10). Mais ce peut être aussi une proposition entière. Dans tous les cas, un point commun : l'élément qui précise (le déterminant) se place toujours devant le nom précisé (le déterminé).

Un petit rappel (voir chapitre 9, exercice 6) : l'adjectif épithète se place toujours devant le nom. C'est un des cas de ce qu'on appelle la « détermination ». L'adjectif est, dans ce cas, toujours à la forme de familiarité.

Ex. : むずかしい　もんだい *un problème difficile.*

1 En utilisant tous les mots proposés, traduisez les expressions.

くつ　きれい　な　しんせつ　くろい

はな　な　こども　くるま　あたらしい

1. De belles fleurs. ....
2. Des chaussures neuves. ....
3. Une voiture noire. ....
4. Un gentil enfant. ....

Mais l'adjectif peut être le centre d'une petite proposition.

Ex. : まど　は　おおきい。
Les fenêtres sont grandes.

Cette petite proposition peut venir préciser un nom, en devenant déterminante.

Ex. : まど　が　おおきい　いえ *une maison aux grandes fenêtres* [dont les fenêtres sont grandes]. [Ce qui est grand, ce sont les fenêtres, pas la maison.]

À remarquer : dans une proposition déterminante, on ne peut pas employer は.

Banque de mots

さかな	poisson
きいろい	être jaune
ワイン	vin
じょうぶ	solide
もちて	poignée

2 Traduisez en japonais.

1. a. Un poisson jaune. ....
   b. Un poisson aux yeux jaunes. ....
2. a. Une ville célèbre. ....
   b. Une ville dont le vin est célèbre. ....
3. a. Un bon restaurant. ....
   b. Un restaurant où le poisson est bon. ....
4. a. Un sac solide. ....
   b. Un sac dont la poignée est solide. ....

3 Décrivez les éléments numérotés...

... de ce visage.

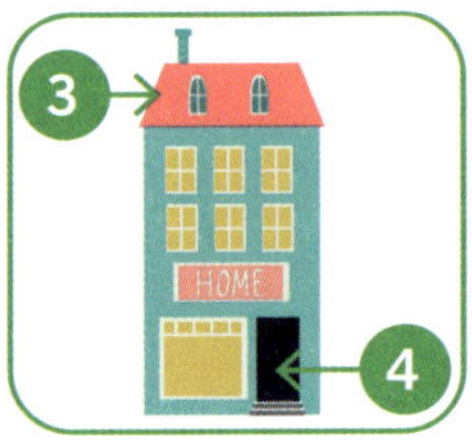

... de la maison de M. Martin.

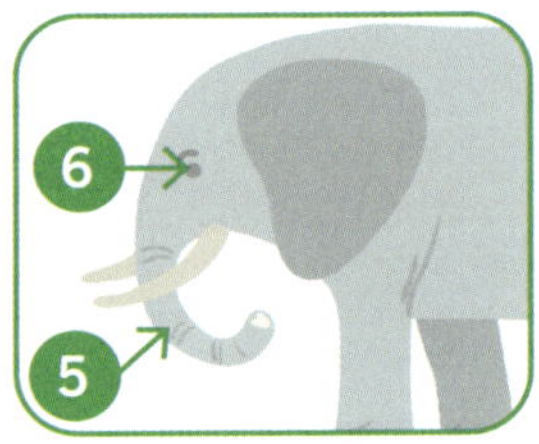

... de l'éléphant.

1. .... ひと　です。
2. .... ひと　です。
3. .... いえ　です。
4. .... いえ　です。
5. ぞう　は .... どうぶつ　です。
6. ぞう　は .... どうぶつ　です。

Banque de mots

かみ	cheveux
ながい	être long
はな	nez, trompe

Banque de mots

こくさいてき	international
しごと	travail
さっか	écrivain

C'est le même principe si le déterminant est toute une proposition avec un verbe et ses compléments. Cette proposition dite « déterminante » est simplement placée juste devant le nom. Deux contraintes : le verbe est toujours à la forme de familiarité et on ne peut pas employer は dans la proposition déterminante.

Une telle construction peut équivaloir aux cas où, en français, on emploie *qui*, *avec qui*, *pour qui*, *auquel*, *dont*...

Ex. : あそこ に すって いる ひと は たなかさん です。
L'homme qui est assis là-bas est M. Tanaka.

4 En vous aidant de la traduction, réunissez en une seule phrase les deux phrases données.

1. L'ami avec lequel je vais en Angleterre est fort en anglais.
ともだち と いっしょ に イギリス に いく。
ともだち は えいご が じょうず です。

2. J'habite dans une maison qui a un grand jardin.
いえ に すんで います。
いえ は おおきい にわ が あります。

3. Elle a épousé quelqu'un qui fait un travail international.
ひと と けっこん した。
ひと は こくさいてき な しごと を して います。

4. L'écrivain dont j'ai lu les œuvres complètes vient la semaine prochaine dans ma ville.
さっか の ぜんしゅう を よみました。
さっか が らいしゅう わたし の まち に きます。

5. Je vais téléphoner au professeur auprès de qui j'apprends le japonais.
せんせい に にほんご を ならって います。
せんせい に でんわ を します。

La même construction équivaut encore aux phrases françaises où on trouverait *que*, *avec*, *quoi*, *de quoi*, *pour lequel*, *dont*..., à propos d'objets.

5 Traduisez en français.

1. きのう　かった　ほん　を　ぜんぶ　よんで　しまった。

2. どようび　に　いった　コンサート　は　すばらしかった　です。

3. この　ぞう　を　つくった　おりがみ　は　きょねん　にほん　で　かった。

4. この　ぞう　を　つくった　おりがみ　は　きょねん　にほん　で　かった　おりがみ　です。

5. きょねん　の　はる　イタリア　に　いった　ともだち　は　ローマ　で　とった　しゃしん　を　みせて　くれました。

Et c'est encore la même chose pour l'équivalent des phrases françaises avec *où*, *dans lequel*, *par où*, *dont*...

Banque de mots

あう（に）	rencontrer
びじゅつかん	musée d'art

6 Traduisez en japonais.

1. La ville où habite ma grand-mère est une petite ville.

2. J'ai rencontré Takahashi dans le parc où je fais tous les jours mon jogging.

3. La gare dans laquelle je prends le train tous les matins est loin de chez moi.

4. Il y a beaucoup de magasins dans la rue par laquelle je passe tous les jours.

5. Est-ce qu'on n'irait pas demain au musée dont Kenji nous a parlé ?

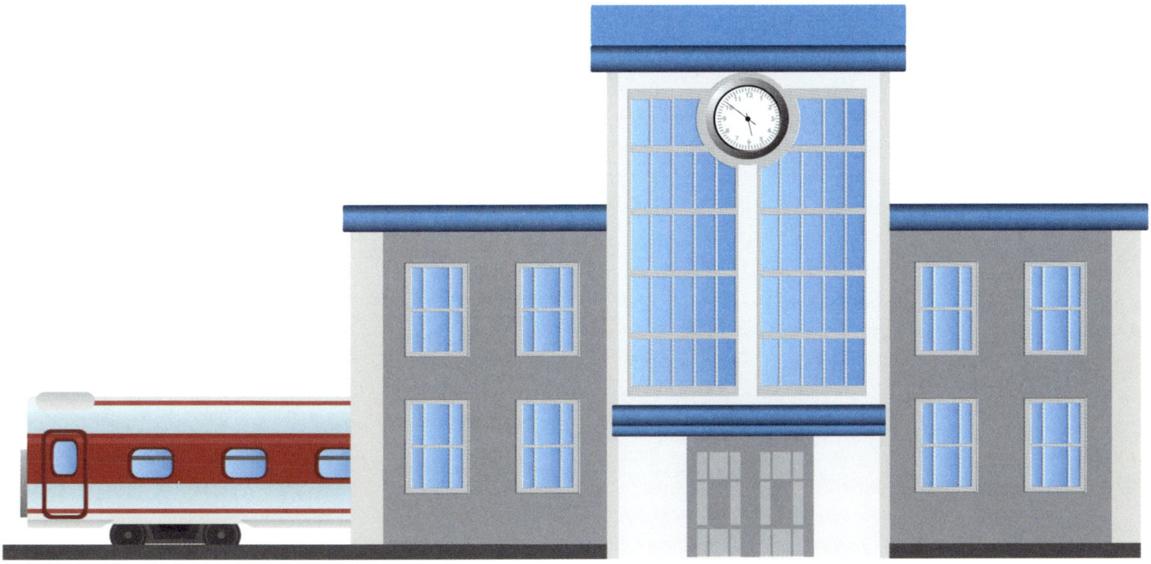

Félicitations !

Vous êtes venu à bout du chapitre 18 ! Il est maintenant temps de comptabiliser les icônes et de reporter le résultat en page 128 pour l'évaluation finale.

SOLUTIONS

1. Les verbes

❶ **1**-6 **2**-5 **3**-3 **4**-7 **5**-1 **6**-8 **7**-2 **8**-4

❷ **1 3 5 6** type 1 **2 4 7 8** type 2 ❸ **1 2 4 5 8** -う **3 6 7** -ます

❹ **1** たべます **2** のみます **3** はなします **4** みます **5** かきます **6** やすみます **7** でかけます **8** いれます **9** およぎます **10** いきます **11** かえます **12** かえります

❺ **1** およぎます か 。**2** やすみます か。**3** たべます。**4** でかけます。**5** みます。**6** かきます か。**7** いきます か。**8** のみます。

❻ **1** いきます。**2** でかけます。**3** やすみます。**4** たべる。**5** およぎます。**6** のむ。**7** かきます。**8** みます。

❼ **1**-2 **2**-4 **3**-1 **4**-5 **5**-6 **6**-3

❽ **1** たべません たべない ; **2** のみません のまない ; **3** はなしません はなさない ; **4** みません みない ; **5** かきません かかない ; **6** やすみません やすまない ; **7** でかけません でかけない ; **8** いれません いれない ; **9** およぎません およがない ; **10** いきません いかない

❾ **1** かわない **2** いわない **3** うたわない **4** はらわない **5** あらわない

❿ **1** まちません。**2** いかない。**3** たべない。**4** かいません。**5** うたいません。**6** やすみません。**7** でかけない。**8** はらわない。

⓫ **1** でかける？ううん、でかけない。**2** およぐ**?** うん、およぐ。**3** やすむ？ ううん、 やすまない 。**4** かう？ううん、かわない。 **5** うたいます か。いいえ うたいません。**6** たべます か。はい、たべます。**7** まちます か。はい、まちます。**8** いきます か。 はい、いきます。

2. L'emploi des particules (1)

❶ **1 3 7 8** かく。**5** かかない。**2 4** かきます。**6** かきません。

❷ **1** を2 **2** を4 **3** を1 **4** を3 **5** を2 **6** を1 **7** を3 **8** を4

1/5 を2 Je/nous/vous/il/ils/elle/elles mange(nt) une pizza/des sushis. **2/8** を4 Je/tu/nous/vous/il/ils/elle/elles bois(…) de l'eau/du café. **3/6** を1 Tu/nous/vous/il/ils/elle/elles lis(…) le journal/un livre ? **4/7** を3 Je/nous/vous/il/ils/elle/elles regarde(…) la télé/un film.

❸ **1** にわ で あそびます。**2** えき で まつ。**3** バスてい で まつ？ **4** いえ で あそばない。**5** いえ で やすみます。**6** でんしゃ で たべます か。

❹ **1 2 3** で を **1** えき で しんぶん を よみます。**2** バスてい で ともだち を まちます。**3** いえ で テレビ を みます。

❺ **1 3 4 6 7** いる **2 5 8 9 10** ある

❻ います いない いません / あります ない ありません

❼ **1** にわ に いません。**2** いえ に います。**3** ほんだな に あります。**4** やま が ある。**5** とり が いる。**6** ほん が ない。**7** ぞう が いない。

❽ **1** にわ に ぞう が います か。Y a-t-il un/des éléphant(s) dans le jardin ? **2** ほんだな に ほん が あります。Il y a des livres sur l(es)'étagère(s). **3** バスてい に こども が います。Il y a un/des enfant(s) à l'arrêt de bus. **4** そら に とり が いない。Il n'y a pas d'oiseaux dans le ciel. **5** やま に ゆき が あります か。Est-ce qu'il y a de la neige sur la montagne ? **6** へや に はな が あります。Il y a des fleurs dans la chambre.

❾ **1** が2 > 3 **2** が1 > 4 **3** が2 > 5 **4** が1 > 1 **5** が1 > 2

❿ **1** えいご が できます か。**2** かんじ が わかりません。**3** ピアノ が できます。**4** みち が わかる？ **5** えいご が わからない。**6** うんてん が できます。**7** じゅうしょ が わかります か。**8** サッカー が できません。

⓫ **1** でんしゃ で いきます。**2** はし で たべる？ **3** えんぴつ で かく。**4** にほんご で はなします か。**5** め で みます。

⓬ **1** に が Il y a une télé dans/à la maison. **2** に が Il y a un/des oiseau(x) dans le ciel. **3** で を Je (nous/vous/ils/elles) lis (…) un/des journal/journaux dans le train. **4** で を Je (…) lis (…) un/des livre(s) dans [ma] la chambre. **5** で を Je (…) regarde (…) un/des film(s) à la télé. **6** で Je (…) ne parle (…) pas en anglais. **7** に が Il y a un/des enfant(s) dans la maison.

⓭ **1** ほんだな に ほん が あります。**2** バスてい で ともだち を まつ。**3** にわ で コーヒー を のみます。**4** お-すし を はし で たべない。**5** えんぴつ で かかない。**6** ボールペン で かく。**7** おんがく が きこえます か。**8** バス で いく？

3. L'emploi des particules (2)

❶ **1** いえ に **2** に **3** バス に のる。**4** に はいります。**5** に いきます か。**6** にほん に いく？ **7** フランス に かえります か。

❷ ともだち / こども と えき / みせ / レストラン / にほん / うみ に いきます。ともだち / こども と えき / みせ / レストラン に はいります。

❸ **1** うち から えき まで **2** レストラン から ほんや まで **3** スーパー から ぎんこう まで

❹ **1** うち から えき まで じてんしゃ で いく。**2** えき から ぎんこう まで でんしゃ で いく。**3** ぎんこう から みせ まで くるま で いく。**4** みせ から えき まで タクシー で いく。**5** えき から うち まで じてんしゃ で かえる。

❺ **1** おとこ の ひと が みせ に はいります。**2** くるま / じどうしゃ が とおります。**3** こども が うた を うたいます。**4** おんな の ひと が タクシー に のります。**5** でんしゃ が えき に はいります。**6** おとこ の ひと が バスてい で まちます。

❻ **1** が に **2** に **3** で を **5** から で まで **6** から まで で

❼ **1** が に はいります。**2** はな を かいます。**3** から スーパー まで で **4** カフェ で やすみます。**5** くるま / じどうしゃ が とおります。**6** じてんしゃ で いえ / うち に かえります。

4. Les mots de temps

❶ **1**-6 **2**-4 **3**-7 **4**-5 **5**-2 **6**-3 **7**-1

❸ **1** ラグビー を しない。**2** ゴルフ を します。**3** サッカー を します。**4** テニス を する？**5** ジョギング を します。**6** かいもの を します か **7** ジョギング を しません。

❹ **1** げつようび に テニス を します。**2** かようび に ゴルフ を します。**3** すいようび に ジョギング を します。**4** もくようび に サッカー を します。**5** きんようび に ラグビー を します。**6** どようび に かいもの を します。**7** にちようび に やすみます。

❺ **1** テニス を します。**2** ジョギング を しない。**3** どようび に かいもの を しません。**4** ゴルフ を します。**5** かいもの を する。

❻ **1** なに を みます か。**2** なに が あります か。**3** なに に のります か。**4** なに を のみます か。**5** なん で いきます か。**6** なに を よみます か。**7** なに を します か。**8** なん で たべます か。

❼ **1** らいねん **2** こんげつ **3** こんしゅう **4** あした **5** らいげつ

❽ **1** らいしゅう テニス を する。**2** らいねん にほん に いかない。**3** こんしゅう やま に いく。**4** こんげつ コーヒー を のまない。

❾ **1** ことし にほん に いきます。Je vais au Japon cette année. **2** もくようび に ぎんこう に いく。Je vais/j'irai à la banque jeudi. **3** かようび に テニス を します。Je fais/ferai du tennis mardi. **4** きょう スーパー で かいもの を します。Je fais des courses au supermarché aujourd'hui. **5** あした かいもの に いきます。Demain j'irai [faire] des courses. **6** どようび に ともだち と あそぶ。Je sors/sortirai avec mes amis samedi. **7** にちようび に やすみます。Je me reposerai dimanche. **8** らいげつ うみ で およぐ。Je nagerai dans la mer le mois prochain.

5. La particule の

❶ **1** わたし の とけい **2** せんせい の かばん **3** たむらさん の けいたいでんわ **4** わたし の けいたいでんわ **5** たむらさん の かばん **6** せんせい の とけい **7** わたし の かばん **8** たむらさん の とけい **9** せんせい の けいたいでんわ

❷ **2** イタリア の かばん を かう。J'achète un/des sac(s) italien(s). **3** ドイツ の くるま /じどうしゃ を かう。J'achète une voiture allemande. **4** イギリス の ウイスキー を かう。J'achète du whisky anglais. **5** スペイン の ハム を かう。J'achète du jambon espagnol. **6** スイス の とけい を かう。J'achète une montre suisse. **7** ベルギー の チョコレート を かう。J'achète du chocolat belge.

❸ **1** き の はこ **2** かわ の かばん **3** きん の とけい **4** ぎん の ゆびわ **5** プラスチック の おもちゃ

❹ **1** れきし の ほん **2** びじゅつ の ざっし **3** ぶんがく の ざっし **4** けいざい の しんぶん

❺ **1** けさ **2** こんばん **3** あした の あさ **4** すいようび の ひる **5** きんようび の ばん **6** きんようび の よる

❻ **1** うえ **2** なか **3** した **4** まえ **5** うしろ **6** ひだり **7** みぎ

7 1 つくえ　の　うえ 2 ひきだし　の　なか 3 つくえ　の　した　4 おとこ　の　ひと　の　まえ 5 おとこ　の　ひと　の　うしろ 6 おんな　の　ひと　の　ひだり 7 おんな　の　ひと　の　みぎ

8 1 つくえ　の　した　に　ねこ　が　います。2 ひきだし　の　なか　に　とけい が　あります。3 つくえ　の　うしろ　に　おんな　の　ひと　が　います。

9 1 の　で　と 2 の　から　を 3 が　に 4 の　で　を 5 の　の　に　を 6 の　を

10 1 にほんご　の　れきし　の　ほん 2 せんせい　の　かわ　の　かばん 3 らいしゅう　の　かようび　の　ばん 4 スイス　の　チョコレート　の　あじ 5 わたし　の　しゃしん の　ざっし 6 たむらさん　の　くるま/じどうしゃ　の　なか 7 ドイツ　の　けいざい　の　ほん 8 にほん　の　たけ　の　つくえ

11 1 の　の　を J'achète des jouets allemands en bois. 2 の　の　の　に　が Devant la librairie à droite de la gare il y a un chat. 3. の　の　の　から　を Elle prend un livre sur la table à droite de l'étagère. 4 の　から　の　の　を Je sors ma bague en or de la boîte en bois. 5 の　の　の　で Ils se reposent sous l'arbre du jardin de Tamura.

6. Les termes de parenté – La forme passée des verbes

1 **Ma famille :** いもうと，あね，はは，あに，おとうと，ちち
La famille d'un autre : おかあさん，おとうさん，おとうとさん，おねえさん，おにいさん，いもうとさん

2 1 わたし / ぼく 2 いもうと 3 おとうと 4 あね 5 あに 6 ちち 7 はは 8 10 おじ 9 おば 11 13 そふ 12 14 そぼ

3 M. Satô : 1 かない / つま　b むすこさん　3 むすめ 2 むすこ a ごしゅじん Mme Tanaka : c むすめ 1 おくさん 3 むすめさん a しゅじん b むすこ

4 1 おばさん 2 おじいさん 3 おとうさん 4 おかあさん 5 おばあさん 6 おじさん

5 たべた　たべました　みた　みました　きこえた きこえました　でかけた でかけました した　しました　いれた　いれました　おりた　おりました　いた　いました

6 だしました　だした　よみました　よんだ　うたいました　うたった　とりました　とった　かきました　かいた　まちました　まった　いきました　いった　やすみました　やすんだ　まがりました　まがった　かいました　かった　およぎました　およいだ　あそびました　あそんだ

7 1 Elle ne mangeait pas avec des baguettes. 2 Je n'ai pas bu de café ce matin. 3 Vous n'avez pas entendu un bruit ? 4 Il n'a pas mis le journal dans son sac. 5 Je ne suis pas allé à la mer avec mon père. 6 Je n'ai pas fait de/mon jogging samedi. 7 Est-ce que tu n'es pas allé au restaurant dimanche avec ton frère aîné ? 8 Nous n'avons pas acheté de fromage au supermarché.

8 1 いもうと　に　おもちゃ　を　かう。2 おじ　に　ほん　を　おくる。3 おかあさん　に　プレセント　を　かいました　か。4 おば　に　メール　を　かかなかった。5 おとうさん　に　とけい　を　かいました　か。6 そぼ　に　はがき　を　かきます 。7 こんばん　せんせい　に　はなします。

9 1 きょねん　あね　と　(いっしょ　に) ドイツ　に　いきました。2 きのう　ちち　と　(いっしょ　に)　レストラン　に　いった。3 せんしゅう　の　かようび　に　おにいさん と　(いっしょ　に)　でんしゃ　に　のった。4 きのう　おとうさん　に　はなしません　でした。5 せんげつ　おじ　と　(いっしょ　に)　くるま　で　スペイン　に　いった。6 きのう　の　よる　おじいさん　と(いっしょ　に)　テレビ　を　みた。7 けさ　おかあさん　に　でんわ　を しました　か。

7. Les démonstratifs

1 1 6 ここ　に　あります。2 4 あそこ　に　あります。3 5 そこ　に　あります。

2 1f 2b 3c 4d 5a 6e

3 1 いつも　この　パンや　で　パン　を　かいます。2 その　ざっし　で　よみました。3 あの　へや　で　べんきょう　する。4 その　レストラン　に　はいりません　か。5 いつも この　バスてい　で　バス　に　のる。6 あの　たてもの　が　みえます　か。

4 1 これ　を　ください。2 それ　を　ください。3 あれ　を　ください。4 あれ が　みえます　か。5 これ　を　よみました　か。6 それ　を　たべます　か。

5 1 あの 2 その 3 あの　それ 4 この 5 あそこ 6 ここ 7 あれ 8 その 9 これ 10 そこ

6 1 あそこ　に　なに　が　あります　か。2 そこ　で　なに　を　します　か。3 これ　を　この　えんぴつ　で　かいた。4 それ　を　ください。5 あの　やま　の　うしろ　に　うみ　が　ある。6 らいしゅう　の　きんようび　に　その　こうえん　で　ジョギング　を　しない ?

8. Le mot だ – Les particules は et も

1 1g 2e 3f 4a 5h 6c 7b 8d

2 1 いいえ、ボールペン　で　は　ありません。えんぴつ　です。2 いいえ、しんぶん　で　は　ありません。ほん　です。3 いいえ、とけい　で　は　ありません。ゆびわ です。4 いいえ、ピザ　で　は　ありません。パン　です。

3 1 げつようび　で　は　なかった。2 あに だ。3 わたし　の　じゅうしょ　で　は　ない。4 そふ　の　いえ　です。5 きょねん　だった。6 おねえさん　の　ともだち　でした　か。7 いもうと　の　おもちゃ　で　は　ありません。8 せんせい　の　かばん　で　は　ありません　でした　か。

4 1 にほんじん　です。いしゃ　です。やきゅう　です。2 フランスじん　です。がくせい　です。テニス　です。3 イギリスじん　です。ぎんこういん　です。ゴルフ　です。

5 1 ちち　は　まいあさ　しんぶん　を　よみます。2 ともだち　は　せんしゅう　スイス　に　いった。3 おがわさん　の　むすめさん　は　フランスご　が　よく　わかります。4 たなかさん　の　いえ　は　えき　の　うしろ　に　ある。5 あに/おとうと　は　よく　テニス　を　する。6 しゅしょう　は　らいしゅう　ちゅうごく　に　いきます。

6 1 ライオン　は　アフリカ　の　どうぶつ　です。2 とうきょう　は　にほん　の　しゅと　だ。3 イタリアじん　は　よく　スパゲッティ　を　たべます。4 さくら　は　しがつ　に　さきます。5 ちきゅう　は　わくせい　だ。6 ウイスキー　は　スコットランド　の　のみもの　です。

7 1 にほん　に　おんせん　が　たくさん　あります。2 にほん　に　は　おんせん　が　たくさん　あります。3 にほん　で　はし　で　たべます。4 にほん　で　は　はし　で　たべます。5 うち　から　えき まで　バス　で　いきます。6 うち　から　えき　まで　は　バス　で　いきます。

8 1 は 3 も 5 も 6 に を 7 の　に　が 8 も 9 は　を 10 も 11 は　を 12 も　を 13 は　も 14 で　を 15 も 1 Je m'appelle Tanaka. 2 Je suis professeur. 3 Ma femme aussi est professeur. 4 Ce matin je me suis levé tôt. 5 Ma femme aussi s'est levée tôt. 6 Nous avons pris ensemble notre petit-déjeuner. 7 Sur la table il y avait de la confiture. 8 Il y avait aussi du miel. 9 Ma femme a mangé du pain. 10 Elle a mangé aussi des croissants. 11 Moi j'ai bu du café. 12 Ma femme aussi a bu du café. 13 Elle a bu aussi un jus de fruit. 14 Nous avons regardé les infos à la télé. 15 Et aussi une série.

9. Les adjectifs (1) : adjectifs en -i

1 1 さむい。2 さむい です。3 おいしい　です。4 おいしい。5 たかい 。6 たかい　です。7 とおい　です。8 とおい。

2 1 さむく 2 とおく 3 ちいさく 4 あたらしく 5 おおきく 6 たのしく

3 1 おおきく　ありません。2 むずかしくない。3 おもしろくない。4 おいしく　ありません。5 よくない。6 さむく　ありません。

4 1 おいしかった / おいしかった　です était bon おいしくなかった / おいしくなかった　です n'était pas bon 2 むずかしかった/むずかしかった　です　était difficile　むずかしくなかった　/　むずかしくなかった　です　n'était pas difficile 3 よかった / よかった　です était bien よくなかった / よくなかった　です n'était pas bien 4 おもしろかった / おもしろかった　です était intéressant おもしろくなかった / おももしろくなかった です n'était pas intéressant 5 さむかった / さむかった　です était froid さむくなかった / さむくなかった　です n'était pas froid 6 たのしかった / たのしかった　です était agréable たのしくなかった / たのしくなかった　です n'était pas agréable

5 1 あかい　くるま 2 ふるい　とけい 3 すばらしい　ピアノ 4 くらい　へや 5 ふるい　くるま

6 1 ちち の くるま は あたらしい です。2 この チーズ は おいしい。3 この ほん は おもしろくない です 4 ぎんこう は えき から とおい です。5 そぼ の いえ は おおきくなかった。6 しけん の もんだい は むずかしくなかった。

7 1 おいしくて やすい 2 やすくて くろい 3 おもしろくなくて たかかった 4 たのしくて おもしろい

10. Les adjectifs (2) : adjectifs invariables

1 1 ゆめいう だ / ゆうめい です est célèbre ゆうめい だった / ゆうめい でした était célèbre 2 べんり だ / べんり です est pratique べんり だった / べんり でした était pratique 3 しんせつ だ / しんせつ です est gentil しんせつ だった / しんせつ でした était gentil

2 1 ゆうめい で は ない / ゆうめい で は ありません n'est pas célèbre ゆうめい で は なかった / ゆめい で は ありません でした n'était pas célèbre 2 べんり で は ない / べんり で は ありません n'est pas pratique べんり で は なかった / べんり で は ありません でした n'était pas pratique 3 しんせつ で は ない / しんせつ で は ありません n'est pas gentil しんせつ で は なかった / しんせつ で は ありません でした n'était pas gentil

3 1 この まち は ゆうめい だった。2 あの たてもの は きれい で は ない。3 わたし の アパート は べんり だ。4 おじ の くるま は じょうぶ です。5 あの ひと は しんせつ でした。6 きのう そふ は げんき で は ありません でした。7 あね の かばん は じょうぶ で は なかった。

4 1 きれい な はな 2 しんせつ な ひと 3 すてき な セーター 4 べんり な アパート 5 ゆうめい な たてもの 6 じょうぶ な くつ

5 1 きれい で ゆうめい 2 べんり で やすい 3 しんせつ で おもしろい 4 おもしろくて しんせつ な 5 すてき で じょうぶ

6 1 いしゃ に なりました。2 さむく なります。3 ぎんこういん に なった。4 おおきく なる。5 くらく なった。6 ゆうめい に なります。7 べんり に なりました。8 きれい に なる。9 よく なります。

7 1 おがわさん は テニス が すき です。2 (おがわさん は) ねこ が だいきらい です。3 (おがわさん は) スキー が きらい です。4 やまださん は えいが が すき です。5 (やまださん は) りょうり が だいきらい です。6 (やまださん は) りょこう が だいすき です。

8 1 やまださん は テニス が じょうず です / だ。2 おば は りょうり が へた です / だ。3 おとうさん は すうがく が じょうず です / だ。4 あに / おにいさん は やきゅう が じょうず です / だ。5 おがわさん は ピアノ が へた です / だ。

11. Verbes intransitifs/transitifs – Forme en -て いる

1 Corrigez à l'aide de la banque de mots.

2 1 あける ouvrir 2 ととのえる mettre en ordre, ranger 3 つづける continuer, poursuivre

3 1 じどうしゃ/くるま を とめる。2 じどうしゃ/くるま が とまります。3 けっこん が きまった 。4 じゅぎょう が はじまりました。5 らいしゅう の りょこう を きめました。6 じゅぎょう を はじめた。

4 1 とって 2 よんで 3 だして 4 しんで 5 もって 6 あけて 7 して 8 なおして 9 およいで 10 おもって 11 はじめて 12 いって 13 かいて 14 ならんで 15 あいて

5 1 おりる 2 かく 3 もつ 4 やすむ 5 つづける 6 なおす 7 ととのう 8 かぐ 9 おもう 10 いく ou いう 11 する 12 あそぶ 13 さく 14 みせる 15 とる

6 1 バス を まって います。2 テレビ を みて います。3 しんぶん を よんで います。4 テニス を して います。

7 1 ぎんこう で はたらいて います。2 えいご を べんきょう して います。3 まいあさ こうえん で ジョギング を して います。4 まいばん むすこ と (いっしょ に) テレビ を みて います。5 まいにち ふくおか の おばあさん に メール を かいて います。

8 1 めがね を かけて いる / います。2 Tシャツ を きて いる / います。3 ジーンズ を はいて いる / います。4 レジ に ひと が ならんで いる / います。

9 1 えき で ともだち を まって いる。2 さちこさん は すてき な くつ を はいて います。3 たなかさん の おにいさん は フランス の かいしゃ で はたらいて います。4 きょねん から とうきょう に すんで いる。

12. Le système numéral (1)

2 1 よんせん 2 きゅうじゅう 3 にひゃく 4 せん 5 はっぴゃく 6 ひゃく 7 さんぜん 8 ろくじゅう

3 1 六十五 2 百五 3 七千五 4 八十五 5 二千五

4 1 ごじゅう はち 2 ろくじゅう なな 3 ひゃく さんじゅう ろく 4 よんひゃく よんじゅう よん 5 ごせん ひゃく ななじゅう いち 6 きゅうせん きゅうひゃく じゅう に

5 1 2 0000 二万 2 50 0000 五十万 3 7 000 000 七百万 4 9000 0000 九千万

6 1 六十二万 2 六十二万五千 3 六十二万五千五百 4 六十二万五千五百五十 5 六十二万五千五百五十五

7 1 45 わる 9 は 5 です。2 138 たす 42 は 180 です。3 8 200 かける 3 は 24 600 です。4 12 3000 ひく 8 000 は 11 5000 です。5 220 わる 2 は 110 です。6 999 たす 1 は 1 000 です。

8 1 九十万ユーロ 2 一万五千五百ドル 3 二十四万七百五十えん 4 六百五十ドル 5 十八万ユーロ 6 千八百八十万えん

9 1 さんさつ 2 ごこ 3 さんぼん 4 はちまい

13. Le système numéral (2)

2 1 さんにん 2 はちにん 3 ふたり 4 よにん 5 ろくにん

3 1 つくえ の うえ に えんぴつ が さんぼん あります。Sur la table il y a trois crayons. 2 ピザ を にまい ください。Deux pizzas s'il vous plaît. 3 パンや で クロワッサン を むっつ かいました。J'ai acheté six croissants à la boulangerie. 4 みせ の まえ に ひと が ふたり います。Devant la boutique il y a deux personnes. 5 きのう の ばん まんが を よんさつ よみました。Hier soir j'ai lu quatre mangas.

4 1 バスてい に ひと が なんにん まって います か。2 にもつ を いくつ おくりました か。3 えいがかん の まえ に ひと が なんにん ならんで います か。

5 1 Ce soir j'ai rendez-vous avec [je rencontre] deux amis. 2 J'ai fait cet éléphant en papier plié avec trois feuilles de papier. 3 がくせい は ふたつ の くに から きます。4 わたし の いえ は ふたつ の おおきい ビル の あいだ に ある。

6 1 うちむらさん は チューリップ と ケーキ を かった。2 かとうさん は ウイスキー と ビール を かった。3 みちこさん は ほん と セーター を かった。4 たなかさん は ボールペン と ふで と けしゴム を かった。

7 1 …を いっぽん と… を ろっぽん… 2 …ほん を ろくさつ… を にまい かった。3 たなかさん は こども に ボールペン を にじゅっぽん と けしゴム を じゅっこ と ふで を じゅうごほん …。

14. Les mots de temps chiffrés

1 1 はちじ です。2 じゅうにじ です。3 ごじ です。4 くじ です。

2 1 しち / ななじ よんじゅういっぷん 2 じゅういちじ にじゅうよんふん 3 じゅうよじ ごじゅうはっぷん 4 にじゅういちじ じゅうさんぷん

3 1 じゅうじ じゅうごふん 2 じゅうじ はん 3 じゅういちじ じゅうごふんまえ

4 うちださん は ろくじ はん に おきます。しち / ななじ に あさごはん を たべます。はちじ じゅうごふんまえ に でかけます。はちじ に じゅうななふん の でんしゃ に のります。くじ じゅうごふん に かいしゃ に つきます。ごご じゅうよじ ろっぷん の でんしゃ で かまくら に いきます。じゅうろくじ ごじゅっぷん / じっぷん の でんしゃ で もどります。はちじ じゅうごふんまえ に うち に かえります。

5 1 十時 はん から 十二時 まで そうじ を する。2 二時 から 三時 はん まで むすこ と かいもの を する。3 四時 から 五時 まで テレビ で ドラマ を みる。4 六時 から 八時 まで えいご の レッスン が ある。

6 1 なんじ　です　か。2 なんようび　です　か。3 … なんじ　に　はじまります　か。4 何時(なんじ)　から　何時(なんじ)　まで　そうじ　を　します　か。/ じゅうじ　から　じゅうにじ　まで　なに　を　します　か。5 … なんようび　に　つきます　か。6 なんようび　まで　りょこう　を　する？/ きんようび　まで　なに　を　する？

8 1 … 六月 … 春 … 2 六月　から … 夏 … 3 九月 … 十二月　まで … 秋 … 4 十二月　から　三月 まで　です。

9 1 8月29日　はちがつ　にじゅうくにち 2 4月15日　しがつ　じゅうごにち 3 2月20日　にがつ　はつか 4 11月1日　じゅういちがつ　ついたち 5 5月 8日　ごがつ　ようか 6 7月3日　しちがつ　みっか

10 1 にせんじゅうよんねん　ごがつ　にじゅうしちにち 27 mai 2014 2 せんななひゃくはちじゅうきゅうねん　しちがつ　じゅうよっか 14 juillet 1789　3 せんきゅうひゃくにじゅうろくねん　じゅうがつ　むいか 6 octobre 1926　4 せんよんひゃくきゅうじゅうにねん　いちがつ　ふつか 2 janvier 1492

11 1 なんがつ　から　にほん　で　はたらいて　います　か。2 しがつ　の　なんにち　に　りょこう　に　でる？3 なんねん　に うまれました　か。

12 1 はっぷん　かかります。2 じゅうごふん　かかります。3 じっぷん / じゅっぷん　かかります。

13 1 Combien d'années avez-vous étudié le japonais ? いちねん[かん]　べんきょう　しました。2 Combien de semaines êtes-vous resté à l'hôpital ? さんしゅうかん　にゅういん　して　いました。3 De Tôkyô à Ôsaka, ça prend combien d'heures en train ? にじかん　はん　かかります。

14 **Décembre** じゅうにがつ **10 mois** じゅっかげつ **3 mois** さんかげつ **Juin** ろくがつ **Octobre** じゅうがつ **4 mois** よんかげつ **Janvier** いちがつ **6 mois** ろっかげつ 何か月（なんかげつ）

15. Les mots interrogatifs

1 1 だれ Avec qui parlais-tu ? 2 なん　で Tous les matins comment [littéralement : « avec quoi »] te rends-tu/vous rendez-vous/se rendent-ils à l'école ? 3 どれ Le cartable de Tanaka c'est lequel ? 4 なに　が Qu'est-ce que tu veux pour ton anniversaire ? 5 どこ　で Où as-tu/avez-vous acheté ce miel ? 6 どれ　が Parmi les œuvres [peintures] de ce peintre, laquelle préfères-tu/préférez-vous ? 7 いつ いつ De quand à quand avez-vous habité à Sapporo ?

2 1 どの 2 どんな 3 どんな 4 どの

3 1 ど 2 グラム 3 キロ 4 リットル 5 ミリ / センチ 6 キロ　何（なん）

4 1 c/g 2 d 3 h 4 b 5 f 6 e 7 a 8 c/g

5 1 なんさつ 2 なんぼん 3 なんまい 4 なんこ

16. Les mots indéfinis en か et en でも – Un peu plus sur も

1 1 g 2 e 3 a 4 h 5 f 6 d 7 i 8 b 9 c

2 1 だれか Quelqu'un joue du piano. 2 だれも Personne n'est venu. 3 いつでも Demain je suis chez moi. (Vous pouvez venir) n'importe quand (littéralement : « n'importe quand c'est bien »). 4 どこでも On en vend partout de ces nouveaux portables. 5 なにか Ne boirez-vous pas quelque chose ? 6 なにも Il fait nuit. On ne voit rien.

3 1 Je (il/elle...) n'ai (a...) rien acheté. 2 Personne n'y va. 3 Je ne suis allé(e) nulle part pour les vacances d'été.

4 1 (-) (-) 2 (も) 3 (-) (-) 4 (も) 5 (-) 6 (も) 7 (-) (-) 8 (も)

5 1 まいしゅう　にちようび　に　十二時間　も　あるく。2 まいにち 十キロ　も　およぐ。3 まいばん　十五キロ　も　はしる。4 あさごはん　は　ゆでたまご　を　六こ　も　たべる。

17. Verbes à la forme en -て + auxiliaires

1 1 ここ　で　まって　ください。Attendez ici, s'il vous plaît. 2 たすけて ください。Au secours [aidez-moi]. 3 パスポート　を　みせて　ください。Passeport, s'il vous plaît. [Montrez-moi votre passeport.] 4 ぜひ　あした　きて ください。Venez demain à tout prix. 5 この　え　を　みて　ください。Regarde/regardez ce tableau.

2 1 きて　みる 2 たべて　みる 3 のぼって　みる 4 はいって　みる

3 1 かいもの　を　して　おきます。2 ビール　を　かって　おきます。3 ピザ　を　ちゅうもん　して　おきます。4 そうじ　を　して　おきます。

4 1a わすれた。1b わすれて しまった。2a たべる。2b たべて しまう。3a よみました。3b よんで しまいました。

5 1 スペインご　を　ならって　みません　か。2 かいぎ　の　まえ　に さいとうさん　に　でんわ　を　して　おいて　ください。3 はは　の たんじょうび　に　はな　を　かって　おいた。4 あに　は　バルザック の　ぜんしゅう　を　ぜんぶ　よんで　しまった。

6 1 くれた 2 くれました 3 あげた 4 くれました 5 あげました

7 1a けんじくん　が　ウイスキー　を　くれた。1b けんじくん　に / から　ウイスキー　を　もらった。2a けんじくん　が　ボールペン　を くれた。2b けんじくん　に/　から　ボールペン　を　もらった。3a けんじくん　が　チューリップ　を　くれた。3b けんじくん　に / から　チューリップ　を　もらった。

8 1 あに　に　クリスマス　に　CD　を　あげる。2 となり　の　おばあさん　は　かわいい　ねこ　を　くれました。3 きょねん　の　たんじょうび　に　かない　に　ゆびわ　を　あげました。4 ちち　に/から　おおきくて　べんり　な　かばん　を　もらいました。

9 1 あげました 2 くれました 3 くれる 4 くれました

10 1 けんじくん　は　ひっこし　を　てつだって　くれた。2 けんじくん に / から　びょういん　まで　おくって　もらった。3 けんじくん　に / から　ほんだな　を　つくって　もらった。4 けんじくん　が　あたらしい けいたい　の　つかいかた　を　せつめいして　くれた。

11 1 とても　しんせつ　な　ひと　が　おもい　にもつ　を　もって くれました。2 いつも　おとうと　の　しゅくだい　を　てつだって あげます。3 あね　は　しょうらい　の　ゆめ　を　はなして　くれた。4 にほん　の　ともだち　から / に　お-さけ　を　おくって　もらいました。

18. La proposition déterminante

1 1 きれい　な　はな。2 あたらしい　くつ。3 くろい　くるま。4 しんせつ　な　こども。

2 1a きいろい　さかな 1b め　が　きいろい　さかな 2a ゆめい　な　まち 2b ワイン　が　ゆうめい　な　まち 3a おいしい　レストラン 3b さかな が　おいしい　レストラン 4a じょうぶ　な　かばん 4b もちて　が じょうぶ　な　かばん

3 1 かみ　が　ながい 2 め　が　くろい 3 やね　が　あかい 4 ドア　が くろい 5 はな　が　ながい 6 め　が　ちいさい

4 1 いっしょ　に　イギリス　に　いく　ともだち　は　えいご　が じょうず　です。2 おおきい　にわ　が　ある　いえ　に　すんで　います。3 こくさいてき　な　しごと　を　して　いる　ひと　と　けっこん しました。4 ぜんしゅう　を　よんだ　さっか　が　らいしゅう　わたし の　まち　に　きます。5 にほんご　を　ならって　いる　せんせい　に でんわ　を　します。

5 1 J'ai lu tous les livres que j'ai achetés hier. 2 Le concert auquel nous sommes allés samedi était magnifique. 3 J'ai acheté au Japon l'an dernier les papiers à plier avec lesquels j'ai fabriqué cet éléphant. 4 Les papiers à plier avec lesquels j'ai fabriqué cet éléphant sont ceux [les papiers] que j'ai achetés l'an dernier au Japon. 5 Mon ami qui est allé en Italie au printemps l'année dernière m'a montré les photos qu'il a prises à Rome.

6 1 そぼ　が　すんで　いる　まち　は　ちいさい　まち　です。2 わたし　が　まいにち　ジョギング　を　して　いる　こうえん　で たかはしくん　に　あった。3 まいあさ　でんしゃ　に　のる　えき　は うち　から　とおい　です。4 まいにち　とおる　みち　に　みせ　が たくさん　あります。5 あした　けんじくん　が　はなして　くれた びじゅつかん　に　いきません　か。

TABLEAU D'AUTOÉVALUATION

Bravo, vous êtes venu à bout de ce cahier ! Il est temps à présent de faire le point sur vos compétences et de comptabiliser les icônes afin de procéder à l'évaluation finale. Reportez le sous-total de chaque chapitre dans les cases ci-dessous puis additionnez-les afin d'obtenir le nombre final d'icônes dans chaque couleur et découvrez vos résultats !

Chapitre	🙂	😐	🙁
1. Les verbes			
2. L'emploi des particules (1)			
3. L'emploi des particules (2)			
4. Les mots de temps			
5. La particule の			
6. Les termes de parenté – La forme passée des verbes			
7. Les démonstratifs			
8. Le mot だ – Les particules は et も			
9. Les adjectifs (1) : adjectifs en -i			
10. Les adjectifs (2) : adjectifs invariables			

Chapitre	🙂	😐	🙁
11. Verbes intransitifs/transitifs Forme en -ている			
12. Le système numéral (1)			
13. Le système numéral (2)			
14. Les mots de temps chiffrés			
15. Les mots interrogatifs			
16. Les mots indéfinis en か et en でも Un peu plus sur も			
17. Verbes à la forme en -て + auxiliaires			
18. La proposition déterminante			

	🙂	😐	🙁
Total, tous chapitres confondus			

Vous avez obtenu une majorité de...

🙂 かんぺき ! **Super !** Vous maîtrisez maintenant les bases du japonais standard, vous êtes fin prêt !

😐 もう すこし ! **Pas mal !** Mais vous pouvez encore progresser... Refaites les exercices qui vous ont donné du fil à retordre en jetant un coup d'œil aux leçons !

🙁 がんばって ! **Persévérez !** Vous êtes un peu rouillé... Reprenez l'ensemble de l'ouvrage en relisant bien les leçons avant de refaire les exercices.

Crédits iconographiques

COUVERTURE : **Shutterstock** : Ansty : picto 4 ; Mix3r : picto 5 ; **DR** : pictos 1, 2, 3, 6, 7, 8, 9, 10. INTÉRIEUR : **Fotolia** : Sentavio : 72b – **Shutterstock** : 32 pixels : 28mg ; 6gasix : 65bd ; ADE2013 : 92 (bière) ; Aleutie : 112mg alexandrovskyi : 106 exo 3 (balance) ; alexokokok : 73h ; Anastasia_B : 83mb, 111m ; ankudi : 30 exo 4 (golf), 59 exo 4 (golf) ; Anna Chirikova : 92 (cupcake) ; Annasunny24 : 6 exo 3 (2, 4), 45 exo 4, 92 (personnage Katô, personnage Michiko) ; Anthony Krikorian : 76 (piano) ; Ara Hovhannisyan : 106bd ; Artsholic : 106 exo 3 (pommes de terre) ; Augulis : 50mg ; AVA Bitter : 97bg ; Azaze11o : 27mbd, 34md, 34gb ; Barmaleeva : 76 exo 8 (cocotte) ; Beresnev : 55bd, 55mhd, 86bd, 92 (pinceaux) ; Blablo101 : 70mg ; Chaliya : 15hg, 80md ; Chernoskutov Mikhail : 8hg, 107mbd ; daisybee : 61hd ; De Space Studio : 36 (montre), 40 (montre) ; Delices : 53 (voiture) ; deviyanthi79 : 19hg, 86hm ; djdarkflower : 58hd ; Donnay Style : 13m ; Dooder : 10h ; doodle : 59 exo 4 (batte), 76 (batte) ; eatcute : 35md ; Ellegant : 107bg ; Elvetica : 16bd, 17bd ; esadaphorn : 7bg ; Evellean : 59 exo 4 (personnage Ogawa) ; Faber14 : 54bg ; Fayska : 58hg ; forden : 26hd ; Fotinia : 92 (pull) ; Fred Ho : 74bd ; graphic-line : 75bd ; gst : 106 exo 3 (lait, mètres), 117b ; Guingm : 56mb, 110hg ; Gulyaeva : 26mg ; Gurza : 72hd ; hand draw : 32g ; Happy Art : 57bmd, 57bd, 68bg, 91d ; happymay : 31b ; Henry Olden : 120b ; Hudyma Natallia : 59 exo 4 (drapeaux Japon, France, Angleterre) ; Huza : 29mg ; IconBunny : 15 exo 5 (10) ; Iconic Bestiary : 41b ; in_dies_magis : 82md, 119m ; Incomible : 13bd, 15 exo 5 (8), 38mg (livres), 52 (livres), 53 (livre), 58hmg, 59 exo 4 (livres), 90d, 92 (livres), 98h, 98bg, 98bd, 106 exo 5 (livres), 120hd ; Jane Kelly : 103md ; jesadaphorn : 63d, 66bd, 113h ; Jinpat : 71mb ; Julia Tim : 29hd, 80d ; Justone : 25 (vélo, voiture, train) ; kaa67alex : 59 exo 4 (raquette), 76 (raquette) ; Kakigori Studio : 15 exo 5 (7), 53 (oiseau) ; karawan : 54 (chat) ; Kavoon : 100hg ; KID_A : 95b ; Ksenvitaln : 65hg ; La1n : 86bg ; Lalan : 42bg, 42bm, 42bd ; lanitta : 36 (sac) ; laraslk : 61mg ; Lorelyn Medina : 65bg ; Luisa Venturoli : 109mbd ; Lyudmyla Kharlamova : 59 exo 4 (personnage Ann) ; Macrovector : 15 exo 5 (4), 24bg, 30md, 36 (chocolat), 39bm, 39m, 40hd, 44bd, 47m, 64b, 66mg, 82hd, 94-95 (horloges), 114bm, 117hd ; Maraga : 36 (jambon) ; Maria Starus : 32hd ; Maria Zainoullina : 15 exo 5 (2), 92 (fleurs), 115 (fleurs) ; Marish : 78md, 87g ; Mascha Tace : 35bg, 44hg ; MatoomMi : 120mg ; Maxi_m : 76 (émoticones) ; Meilun : 36 (voiture) ; melissa held : 15 exo 5 (9) ; mhatzapa : 43md ; milo827 : 18mg ; Minipop : 11bg, 27bg, 48md, 76md, 82bd, 106b, 118b ; Minur : 14hd ; Miuky : 39bg, 39g ; miumi : 16bg, 120md ; Mix3r : 118m ; MSSA : 6 exo 3 (8), 15 exo 5 (3), 53 (chat), 55bg, 59 exo 4 (personnage Pierre), 60md ; MyClipArtStore.com : 54 (parapluie) ; Naty_Lee : 51hg, 86hd ; Netta07 : 62d ; Nevena Radonja : 37bg, 58bd ; newcorner : 116d ; NokHoOkNoi : 40 (table), 52 (table), 90hg ; NotionPic : 122bg ; okili77 : 36 (carte Europe) ; Olga1818 : 6 exo 3 (1, 5), 9b, 15 exo 5 (1), 22bg, 32m, 35h, 39bd, 39d, 44 exo 2 (tous les personnages), 45 exo 3 (tous les personnages sauf ado en bas à droite), 50bd, 52 (homme avec valise), 53 (femme), 54 (femme), 75hg, 75hd, 89hg, 89hm, 89hd, 89bg, 89bd, 92 (personnage Uchimura, personnage Tanaka), 93bm, 115d, 115g ; olillia : 22md, 73m, 86hg, 120m ; Olya Fedorovski : 21mg ; Orion-v : 24bd, 25 (gare), 123mb ; Oxy_gen : 24gm ; Padma Sanjaya : 85b ; palasha : 18d ; Paola Canzonetta : 38g (Napoleon) ; Parinya Hirunthitima : 84g ; Petityul : 108md ; Pretty Vectors : 8mg, 15hg ; ProStockStudio : 68m ; Rainbow-Pic : 106 exo 3 (route) ; Reamolko : 58hmd, 86bm ; Red monkey : 52 (étagère) ; Rimma Rii : 121d ; robuart : 77bd, 81h ; Rvector : 92 (gomme) ; Sabelskaya : 11bd, 65hd ; sahua d : 36 (fromage) ; sbego : 21bg, 33b, 51bg, 56bd, 93bg, 110bd, 123bg ; Scherbinka : 6 exo 3 (7) ; Sentavio : 116hg ; shumbrat : 7bd ; Skyclick : 5b ; Smart Design : 6 exo 3 (6), 102hd ; SThom : 61md ; Stocklifemax : 46mg ; stockshoppe : 73bd, 106 exo 3 (thermomètre) ; StockSmartStart : 82hg ; Studio_G : 52 (montre), 110m ; Tajuan : 36 (whisky), 92 (whisky), 115 (whisky) ; Tatiana Gulyaeva : 26b ; Tomacco : 19mg, 39 (chat x 7), 40 (chat), 52 (piano) ; totallypic : 15hd, 80mg ; Trikona : 60bg, 106 exo 5 (cartes) ; tumasia : 15 exo 5 (5), 53 (montagne) ; tynyuk : 51mb ; vadwel : 20hg ; valeriya_sh : 38mg (palette), 105mg ; Vector Bakery : 104hg ; VectorA : 106 exo 5 (clefs) ; Vectorisland : 40 (meuble à tiroirs) ; VectorPot : 30hm ; Verkhozina Ekaterina : 49md ; Virinaflora : 24hg, 25 (maison), (maison), 101g, 101mg, 101d ; Visual Generation : 9h, 15hm, 32bd, 80g ; Vladmark : 30md, 30d ; vladwel : 92 (stylo), 115 (stylo) ; yoshi-5 : 15 exo 5 (6), 100bd ; yurgo : 77mg ; Yuriytsirkunov : 12hg ; zzveillust : 54 (chaise) – **DR** : 6 exo 3 (3), 10b, 24hd, 24dm, 25 (boutique), 25 (banque), 30hg, 38d, 45 exo 3 (ado garçon), 59 exo4 (banque), 65 (flocons), 67b, 78h, 94 (horloges), 95 (horloge), 101md, 106 exo 6 (panneau Paris), 118h, 119b. PETIT CHAT EN PAGE 2 ET SUIVANTES : **DR**.

Conception graphique : MediaSarbacane
Mise en pages : Élodie Bourgeois pour Céladon éditions
Réalisation : Céladon éditions, www.celadoneditions.com

Dépôt légal : février 2017
N° d'édition : 4336 - mai 2024
ISBN : 978-2-7005-0997-7
www.assimil.com
Imprimé en Roumanie par Master Print